财政部规划教材
全国财政职业教育教学指导委员会推荐教材
全国高职高专院校财经类教材

财政与金融（第五版）习题集

王国星　主编

中国财经出版传媒集团
中国财政经济出版社

图书在版编目（CIP）数据

财政与金融（第五版）习题集／王国星主编．—5 版．—北京：中国财政经济出版社，2017.4

财政部规划教材　全国财政职业教育教学指导委员会推荐教材　全国高职高专院校财经类教材

ISBN 978-7-5095-7374-7

Ⅰ.①财…　Ⅱ.①王…　Ⅲ.①财政金融－高等职业教育－习题集　Ⅳ.①F8-44

中国版本图书馆 CIP 数据核字（2017）第 066018 号

责任编辑：陈　冰　　　　　　　　封面设计：孙俪铭

中国财政经济出版社　出版

URL：http：//www.cfeph.cn

E-mail：cfeph @ cfeph.cn

（版权所有　翻印必究）

社址：北京市海淀区阜成路甲 28 号　邮政编码：100142
营销中心电话：88191537　北京财经书店电话：64033436　84041336
北京富生印刷厂印刷　各地新华书店经销
787×1092 毫米　16 开　7.75 印张　181 000 字
2017 年 4 月第 1 版　2018 年 9 月北京第 2 次印刷
定价：19.00 元
ISBN 978-7-5095-7374-7
（图书出现印装问题，本社负责调换）
本社质量投诉电话：010-88190744
打击盗版举报热线：010-88191661、QQ：2242791300

编写说明

  本书是财政部规划教材、全国财政职业教育教学指导委员会推荐教材,由财政部教材编审委员会组织编写并审定,作为全国高职高专院校财经类教材使用。

  《财政与金融(第五版)习题集》是《财政与金融》(第五版)的配套练习册,是根据《财政部2016—2020年学历教材建设规划》的要求编写的。本习题集适合全国高职高专院校财经类专业学生使用,也可以作为广大经济工作者的学习和练习用书。

  本习题集按章编写,习题类型有填空题、判断题、单项选择题、多项选择题、名词解释、简答题、论述题、综合分析题。

  本习题集在编写过程中,得到了教材编审组的具体指导,在此我们表示衷心的感谢。

  本习题集由江西省财政厅的王国星担任主编,是在《财政与金融(第四版)习题集》的基础上由各参编教材人员修订而成的,主编最后整理定稿。

  用书学校任课老师若需要本习题集答案,请以电子邮件的形式向中国财政经济出版社索取(请注明学校、全书名、版次),E-mail:caijingjiaocai@163.com。

  限于水平和时间,习题集难免存在误漏之处,敬请批评指正。

编 者

2017年3月

目 录

引　论　如何学好"财政与金融"课程 …………………………………（ 1 ）

第一章　财政导论 ………………………………………………………（ 7 ）

第二章　财政支出 ………………………………………………………（ 17 ）

第三章　财政收入 ………………………………………………………（ 27 ）

第四章　财政预算 ………………………………………………………（ 37 ）

第五章　财政体制 ………………………………………………………（ 47 ）

第六章　金融导论 ………………………………………………………（ 57 ）

第七章　金融机构 ………………………………………………………（ 66 ）

第八章　金融市场 ………………………………………………………（ 76 ）

第九章　货币供求 ………………………………………………………（ 86 ）

第十章　国际金融 ………………………………………………………（ 96 ）

第十一章　财政政策与货币政策 ………………………………………（106）

引 论

如何学好"财政与金融"课程

"财政与金融"是高职高专财经类院校学生的基础理论课程,也是高职高专财经类院校学生的职业能力支撑课程。它是联系一般经济理论与具体财政、金融制度和政策的桥梁,是学好财经类其他专业课程的基础。财政与金融都是政府对国民经济实施宏观调控的重要手段,两者存在密切的联系,这也是把财政学与金融学综合成一门课程的主要原因。为了使大家更好地学习这门课程,这里简单地介绍一下这门课程的学习目的、内容体系、课程特点、学习要求、学习方法和习题要求等内容。

一、为什么要学习"财政与金融"课程

在我们的日常生活中,处处存在着财政与金融现象,时时会遇到财政与金融问题。作为经济活动主体的政府、企业、个人或家庭都会与财政、金融发生密切的关系。

市场经济条件下,并不是"只要有钱,什么都能买到"。由于市场本身存在失灵,政府必须对市场失灵进行干预,而政府干预市场经济运行的重要工具就是财政与金融手段。我国改革开放三十多年来,经济发展取得了举世瞩目的成就,这与我国政府驾驭市场经济能力的不断提高密切相关,特别是在过去的二十余年的时间里,我国政府根据经济发展不同的运行态势,借鉴国际经验,积极探索,果断决策,分别实施过紧缩性财政政策、扩张性财政政策和稳健性财政政策,配之相应的货币政策,有力地促进了国民经济持续快速发展。

财政学和金融学为政府解决经济问题提供了有力的帮助。我们可以想一想,作为西方公共财政学诞生的标志,亚当·斯密的《国民财富的性质与原因研究》(简称《国富论》)代表了经济自由主义的思想,他提出的"守夜人"、"廉价政府"的口号以及"最好的财政计划是节支,最好的赋税制度是税额最小"等观点,使这个时期的政府公共财政主要是为了保证政府作为"守夜人"这一角色能够正常运转;凯恩斯的《就业、利息和货币通

论》所代表的"凯恩斯革命"对西方国家经济运行产生的影响,使政府干预经济逐步获得了人们的共识,各国政府通过财政开始对经济进行大规模干预,以便弥补市场失灵,充分利用市场的功能,促进资源的合理配置、收入的公平分配以及经济的稳定运行……这些无不说明经济理论包括财政与金融理论对政府及其经济实践的巨大影响。

企业与财政、金融存在着密切的联系。企业在生产经营过程中遇到资金不足时,可以向金融机构贷款,符合条件的企业可以发行企业债券或在证券市场上募集资金;企业的财务活动要遵循政府的有关财务制度;企业作为纳税人要及时足额地向政府缴纳税收以形成政府的财政收入;政府通过财政与金融手段为企业创造良好的公平竞争环境。

财政与金融活动也涵盖了我们个人或家庭生活的方方面面。在人的一生中,一直都在自觉或不自觉地进行着财政学与金融学的学习:进入小学和初中读书,这是政府为你提供的"义务教育";你的家人若在政府机关或事业单位工作,每月可获取由政府财政提供的工资及相应的福利;你的家人若符合条件,可以获得政府提供的社会保障资金;你的学习成绩优秀可获得由政府提供的奖学金;你的学费不够可以办理由政府提供的助学贷款;你要安心学习,必须要有国防和立法、司法与行政,以保障和谐的社会秩序;你要外出,必须经过公共道路、桥梁、港口、车站、机场;你的生活要有自来水、气象服务、公共卫生、环境保护,还要有公共图书馆、科技馆、体育场、博物馆等等,要知道这些物品基本上都是由政府提供的。当然,你的家庭成员符合条件的要向政府缴纳个人所得税等税收;你和你的家庭可以把暂时不用的钱存入银行或购买股票、基金、债券等,购房、买车钱不够也可向金融机构申请各种贷款;你必须购买有关保险或自愿购买有关保险……你每天都能听到许多财政与金融术语:税收、债券、收费、股票、利率、汇率、失业、银行、保险……

财政金融理论是经济理论体系的重要组成部分,每一个经济工作者都应该学习并掌握其基本知识。对于经济理论的初学者来说,它还是学习其他经济理论的基础。此外,财政与金融是你职业能力的支撑课程,学好财政与金融课程,对你将来的工作、生活都会有极大的帮助。

学习"财政与金融"课程,能使你更好地认识和了解你周围的经济世界,能使你更加客观而全面地把握经济事物,能使你更快地提升对经济问题的分析能力。扎实的财政金融理论基础将帮助你练就一双慧眼,透过枯燥的名词、公式、数字、原理等去感悟经济科学的无穷乐趣。

二、"财政与金融"课程包括哪些主要内容

要学好"财政与金融"课程,有必要对这门课程的内容体系有个概括性的了解。

人类的需要五花八门,但从最终需要来看可分为两大类:一类是以个人或家庭为单位提出的私人需要;另一类是以社会为单位提出的公共需要。公共需要必须由公共财政来满

足。公共财政是以政府为主体的分配活动，其活动范围主要是在市场失灵的区域，其职能有资源配置、收入分配和稳定经济（第一章）。财政分配活动包括组织财政收入和安排财政支出两个方面，政府通过税收收入、非税收入和其他收入等形式取得财政收入（第三章）；通过公共服务支出、外交、国防与安全支出、教科文支出、社保支出、农林水事务支出、财政投资、财政补贴等形式安排财政支出（第二章）。政府财政收支必须事先通过政府预算这种法律形式规定下来（第四章），而各级政府间财权划分和财政收支范围要通过财政体制来规范（第五章），政府还要运用财政政策来实施宏观经济调控（第十一章）。

金融是货币资金的融通，融通的对象是货币资金，融通的方式是有借有还的信用方式，所以金融涉及货币、信用、利率等诸范畴（第六章）。组织货币资金融通的机构为银行金融机构和非银行金融机构，在我国包括中央银行、政策性银行、商业银行和其他金融机构（第七章）。货币资金的融通必须运用金融工具、通过金融市场来实现（第八章）。货币资金的供应与需求应力求均衡，否则就会出现通货膨胀或通货紧缩（第九章）。在开放的金融格局中，我国的货币资金融通还涉及国际金融（第十章）。在货币资金的融通过程中，政府必须要通过货币政策来实施宏观经济调控（第十一章）。作为政府宏观调控经济的重要手段，财政政策与货币政策必须密切配合，从而使宏观经济持续协调地发展（第十一章）。

三、"财政与金融"课程有哪些主要特点

"财政与金融"课程具有以下特点：

（一）理论性较强

财政学与金融学都属于宏观经济学，涉及众多的经济范畴及其相互关系。虽然我们的日常生活中随处可见财政与金融现象，诸如前面所述的享受政府提供的公共品、向政府纳税、购买公债或股票、向金融机构存贷款、通货膨胀或通货紧缩等等。但政府为何及如何提供公共品？政府如何使税收制度更有效？政府的财政支出结构如何优化？政府的公债规模如何更合理？政府如何监管股票市场？存贷款利率如何确定？人民币汇率走向如何？政府如何治理通货膨胀或通货紧缩……要把诸如此类的问题弄清楚，没有一定的经济理论基础显然是不行的。因此，"财政与金融"现象里蕴藏着许多经济理论，"财政与金融"课程具有较强的理论性。

（二）政策性较强

财政与金融都是政府实施宏观调控的重要手段，这种手段必须体现政府的意图，必须反映宏观经济政策的内容，因而有较强的政策性。在财政与金融课程中，既有体现经济学原理的较深奥的理论部分，也有反映财政与金融具体工作的业务操作。虽然财政与金融中的许多基本原理是不变的，但一些具体的制度和业务内容是会随着改革的深入而不断变化的，如税收制度、非税收入管理制度、社会保障制度、预算制度、财政体制、外汇管理制

度等等都会随着经济形势的变化和经济体制的改革而不断变化。因而，要学好财政与金融课程，就要在掌握财政与金融基本理论的基础上，密切关注政府财政与金融政策及其他经济政策的变化。

（三）涵盖面较广

财政与金融课程是财政学和金融学的综合，涵盖了财政学、税收学、政府预算、货币银行学、国际金融学等学科的基础内容，还涉及相关的其他经济理论学科，其涉及的范围非常宽广。课程中涉及的名词概念、经济原理较多，阐述的经济问题也较多且更新较快。因而，要学好"财政与金融"课程，还需要阅读一些报刊杂志和相关书籍。

四、"财政与金融"课程的基本要求是什么

学习财政与金融课程的基本要求是掌握三个"基本"，即基本概念、基本原理和基本业务知识。

（一）基本概念

概念是反映事物本质属性的思维形式，通常是用词或词组来表达的。任何一门科学都建立在一系列概念的基础上，都以一系列概念作为其各种命题及其原理、规律的组成因素，都以一系列概念作为分析、综合、判断、推理的依据。要学习和掌握一门科学，就必须首先学习和掌握这门科学的一系列概念，否则就不可能揭示这门科学的原理和规律。因此，要学好"财政与金融"课程，掌握基本概念是基础。当然，这里讲的"掌握"并非是把概念死记硬背下来就行了，而是要注意概念的内涵与外延及相关概念间的联系与区别，理解概念的基本特征。

（二）基本原理

原理是指学科中被认为具有普遍意义的基本定律或科学道理。"财政与金融"课程的基本原理，是指财政与金融方面的一些规律、原则、道理等。掌握了基本原理，也就掌握了财政与金融课程的基本内容，也是学好其他经济学科的基础。

（三）基本业务知识

知识是人们通过实践活动或科学实验而获得的对客观事物的认识。这里讲的基本业务知识实际上是指财政与金融工作的基本内容、主要制度、计算方法、衡量指标等。如税收制度中的某个具体税种，其纳税人是谁、课税对象是什么、适用税率是多少、如何计算税额等；财政体制中的中央财政与地方财政收入的划分与计算、税收返还的计算、转移支付数额的确定等；金融机构存贷款利息的计算等都属于财政与金融业务知识。通过业务知识的学习，能提高我们的动手能力，也有助于更好地理解和把握基本概念和基本原理，提高分析问题和解决问题的能力。

五、如何学好"财政与金融"课程

学习方法多种多样，各有不同。这里主要谈处理好三个关系。

（一）正确处理学习与考试的关系

考试是学校检测学生学习成绩的一种手段，对学生来说应付考试并不是学习的全部目的。这实际上是个学习态度问题。要真正学到知识，必须有端正的学习态度。作为学生，在课堂上应专心听讲，认真做好笔记，积极参与讨论，能在课堂上消化的内容尽量不要带到课外。在课外应做好预习与复习包括做习题。在预习中自己认为不太好理解的问题，可在上课时有针对性地听讲；课后还有不理解的内容，可找同学相互商讨，也可向老师求教，还可找些参考资料或上网阅读。学习知识更多的是靠平时的点滴积累，不要认为"财政与金融"课程更多的是理论知识，自己好像也看得懂，而不注重平时的学习，考试临时"抱佛脚"。这样只会是打开书本什么都知道，合上书本什么也不清楚。

（二）正确处理理解与记忆的关系

无论学习哪门课程，对一些基本概念、原理等的记忆都是必要的，学习"财政与金融"课程也不例外。当然这里讲记忆，并非一定都是死记硬背。有些内容可以先记忆后理解，更多的内容应该是在理解的基础上进行记忆。理解是基础，记忆是关键。如要掌握某个概念，固然要记住它的定义，但更重要的是通过分析与比较，从概念之间的联系与区别中去理解它们的内涵。在理解的基础上去记忆，才能记得住，才能会运用。不理解的记忆是难以持久的，缺乏记忆的理解是不能深刻的。多做与教材配套的习题是加深理解的有效手段。

（三）正确处理理论与实际、学习与运用的关系

任何理论都来自实践，又指导实践。财政与金融理论是对财政与金融实践的概括与抽象。要学好财政与金融理论，必须要了解财政与金融的实际情况，联系现实的财政与金融工作，联系自己平时生活中接触到的财政与金融现象，关心我国的财政与金融改革，阅读一些经济类报刊杂志和书籍，浏览有关财政与金融方面的网站，做一些财政与金融问题的调查研究，学着运用所学到的理论去分析财政与金融改革过程中出现的新情况和新问题，逐步提升自己分析问题和解决问题的能力。

六、关于习题

做习题是学生进行课后复习、巩固学习内容、迎接考试的重要手段。本习题集的习题类型有：填空题、判断题、单项选择题、多项选择题、名词解释题、简答题、论述题、综合分析题。

1. 填空题。填空题是标准化试题中经常运用的一种题型，一般是给出一个不完整的

陈述，要求学生填充题中空出的一处或几处，空出的部分往往是比较核心的词语、实质性的短句或专用名词等。题目一般紧扣教材，直接来自书中的表述，分布面较广，主要考核学生对财政与金融课程基本知识的理解和把握程度。

答题要求：简洁、唯一。

2. 判断题。判断题是给出一个句子，要求学生根据句子的含义判断出对或错。这类题型的一个题目只含一个要求或一个概念，看似简单，但应注意要把握句子中的关键词语来判断。主要考核学生对问题正确与错误的判断能力和对相似内容的区分能力。

答题要求：在句子末尾的括号中打上"√"或"×"。

3. 单项选择题。单项选择题由一个题干和四个备选答案组成，四个备选答案中只有一个是正确的。此类题型的知识覆盖面较宽，主要考核学生的识记能力和辨别能力。但由于答案是四选一，存在一定的猜对概率。

答题要求：把一个正确答案的代码填在题干的括号内。

4. 多项选择题。多项选择题由一个题干和四个备选答案组成，四个备选答案中有 2～4 个是正确的。此类题型具有较大的迷惑性，学生往往觉得四个答案似是而非，因而有一定的难度，主要考核学生的理解和分析问题的准确程度。

答题要求：把 2～4 个的正确答案的代码填在题干的括号内。

5. 名词解释。名词解释是对基本概念、专用名词进行解释。此类题型涉及的面较广，主要考核学生对一些基本知识和重要术语的掌握程度。

答题要求：以简洁、概括、准确的语言反映出题目的内涵。

6. 简答题。简答题是围绕基本概念、基本原理和基本业务知识所包括的内容、特点、方法等要求给予简明扼要回答的一种题目类型。此类题型涉及内容广泛，主要考核学生对基本概念、基本原理和基本业务知识的掌握、辨别和理解能力。

答题要求：要点明确，层次分明，语言简练，主要对题目的实质内容做出必要的解释，不必对枝节问题进行表述。

7. 论述题。论述题是提出问题，要求学生进行论证的题目类型。此类题型容量大、层次高，具有一定的深度，主要考核学生运用基本概念和基本原理进行分析和理解的能力。

答题要求：突出重点，论证有力，层次分明。

8. 综合分析题。综合分析题是摆出问题，要求学生进行综合分析、提出论点的题目类型。此类题型涉及面广、综合性强，具有一定的广度和深度，主要考核学生综合知识的运用能力和创新能力。

答题要求：知识面广，立论有据，自圆其说，并不要求有统一的答案。

第一章

财 政 导 论

一、填空题

1. 社会公共需要一般由_____来满足，而公共物品主要由_____提供。
2. 人类的需要五花八门，但从最终需要来看，可以划分为两大类，一类是_____，另一类是_____。
3. 公共财政是政府为了_____而对一部分_____进行的分配活动，是与市场经济相适应的一种财政类型。
4. 市场经济条件下，我国政府职能主要有经济调节、_____、_____和_____。
5. 在市场经济中的经济活动主体有_____、_____和_____。
6. 调节经济资源在政府部门和非政府部门之间合理配置的方式主要是调整_____。
7. 公共权力实际上就是全社会范围内的政治权力，是以_____的共同利益为基础的，国家产生后就表现为_____权力。
8. 按照《深化财税体制改革总体方案》，我国要于_____年基本建立现代财政制度。
9. 资源配置职能的目标是资源达到_____，即实现_____。
10. 政府干预的方式有两种：_____与_____。
11. 准公共品也称"混合品"，可以分为两大类：一类是_____的准公共品，另一类是_____的准公共品。
12. 在市场经济条件下，公共品可采取多种提供方式。对于城市公共服务行业，如自来水、煤气等行业可采取_____的方式。
13. 财政管理的_____是公共财政的关键性特征。
14. 分析收入差距最常用的技术方法是_____和_____。

15. 政府收支改革后的收入分类是按收入的来源和性质来全面反映政府的各项收入，其类级科目包括_____、社会保险基金收入、_____、贷款转贷回收本金收入、_____和转移性收入六类。

16. 社会公共需要的内容必然会随着历史的变化而不断变化着的，但就我国目前的生产力和生产关系状况而言，基本上可以分为_____、_____和_____这样三大类。

17. 按公共程度来划分，公共品可分为_____和_____。

18. 公共财政的分配主体是_____，分配客体是_____，分配依据是_____，分配目的是_____。

19. 理论上说，完全意义上的公共财政至少应体现这样几个特征：一是财政支出的_____；二是财政收入的_____；三是财政管理的_____。

20. 建立现代财政制度需要从三个方面着手：一是建立_____；二是建立_____；三是建立事权与支出责任相适应的财政体制。

二、判断题

1. 在发达国家的市场经济中，市场机制的发展已经克服了自身的种种缺陷，市场失灵现象不复存在。（   ）
2. 社会公共需要随着社会进步和经济发展而不断变化，它是推动政府改革的"原动力"。（   ）
3. 公共品的政府配置是通过"货币投票"来实现的。（   ）
4. 在市场经济体制下，不论各国社会性质如何，经济周期都是难以避免的。（   ）
5. 资源配置合理、收入分配公平则更有利于经济稳定发展，所以，财政三大职能间是没有矛盾的。（   ）
6. 政府永远是公共需要的唯一提供者。（   ）
7. 外部正效应是指商品生产者内部效益远远高于社会效益的现象。（   ）
8. 公共财政是阳光财政、法治财政、民主财政。（   ）
9. 资源配置的核心是公平问题。（   ）
10. 经济稳定是指物质生产增加的同时带来经济结构的优化和社会经济条件的有效改变。（   ）
11. 公共品的排他程度是不会发生变化的。（   ）
12. 如果所有的社会成员都成为"免费搭车者"，最后的结果是公共品的提供为零。（   ）
13. 政府可以在所有市场失灵的区域内有效地活动。（   ）
14. 按公共财政要求，公共财政收入应等同于政府收入。（   ）

15. 帕累托效率，就是资源配置的任何改变都不可能使得任何人的福利有所增加而不使其他人的福利减少。（　　）

16. 公共品生产的成本与享用的收益并非取决于任何一个私人的选择，而是众多个体共同博弈的结果。（　　）

17. 政府职能在不同的社会形态、不同的经济发展阶段和不同的政治经济体制下都是没有差别的。（　　）

18. 公共财政的实质是取之于公众、用之于公益、管之于公决。（　　）

19. 但在现实经济生活中，由于客观和主观条件的限制，所有经济资源不可能都实现最优配置。务实地说，只能使资源配置达到一种人们认为较理想的状态，即为资源的合理配置。（　　）

20. 财政是国家治理的基础和重要支柱。（　　）

三、单项选择题

1. 下列属于典型公共品的是（　　）。
   A. 公共汽车　　　　　　　　B. 高等教育
   C. 国防设施　　　　　　　　D. 高速公路

2. 下列属于具有外部正效应的典型社会经济现象是（　　）。
   A. 农业科研　　　　　　　　B. 应用研究
   C. 假冒伪劣　　　　　　　　D. 污染工业

3. 公共财政分配的主体是（　　）。
   A. 企业　　　　　　　　　　B. 银行
   C. 居民　　　　　　　　　　D. 政府

4. 通过税收和支出等政策，为政府满足各种公共需要提供财力保障的职能是（　　）。
   A. 资源配置职能　　　　　　B. 收入分配职能
   C. 稳定经济职能　　　　　　D. 监督管理职能

5. 公共财政的根本特征是（　　）。
   A. 财政支出的公益性　　　　B. 财政收入的完整性
   C. 财政管理的公开性　　　　D. 政府预算的透明性

6. 对公众来说，每增加一个消费单位的边际成本为零，这是指公共品的（　　）。
   A. 非排他性　　　　　　　　B. 非竞争性
   C. 排他性　　　　　　　　　D. 竞争性

7. 任何人都不能独占专用，这是指公共品的（　　）。
   A. 非竞争性　　　　　　　　B. 竞争性
   C. 非排他性　　　　　　　　D. 排他性

8. 我国政府明确提出建立公共财政的目标是在（　　）。
   A. 1996 年   B. 1997 年
   C. 1998 年   D. 1999 年

9. 把公共品视为"政治市场"的理论是（　　）。
   A. 市场失效理论   B. 公共需要理论
   C. 市场有效理论   D. 公共选择理论

10. 我国新的政府收支分类科目开始实施的时间是（　　）。
    A. 2004 年   B. 2005 年
    C. 2006 年   D. 2007 年

11. 国际上通常认为基尼系数处在最佳状态的标准是（　　）。
    A. 0.3 左右   B. 0.4 左右
    C. 0.5 左右   D. 0.6 左右

12. 财政的收入分配职能要实现的目标是（　　）。
    A. 增加收入   B. 增加支出
    C. 社会公平   D. 减少支出

13. 调节政府部门内部资源配置的方式是（　　）。
    A. 调整财政收入占生产总值的比重   B. 调整财政体制
    C. 制定和执行相关财政政策   D. 优化财政支出结构

14. 最有利于缩小地区间收入差距的收入分配方式是（　　）。
    A. 税收   B. 社会保障
    C. 公共支出   D. 转移支付

15. 财政实现稳定经济职能的方式主要是（　　）。
    A. 财政政策   B. 货币政策
    C. 价格政策   D. 土地政策

16. 把人类需要分为私人需要和公共需要的标准是（　　）。
    A. 最初用途   B. 最终用途
    C. 最初需要   D. 最终需要

17. 任何人都不能独占专用，要么社会无法在技术上阻止不付费的人也消费，要么虽然在技术上可以阻止不付费的人也消费，但这种阻止的费用太昂贵。这是指公共品的（　　）。
    A. 非排他性   B. 非竞争性
    C. 排他性   D. 竞争性

18. 商品生产者的产品生产成本大大低于社会成本的经济现象称为（　　）。
    A. 外部正效应   B. 外部负效应
    C. 排他性   D. 竞争性

19. 通过提高低收入者的收入水平来改变收入分配不公程度的方式是（　　）。
    A. 税收制度　　　　　　　　　　B. 转移支付制度
    C. 社会保障制度　　　　　　　　D. 财政投资制度
20. 在经济发达国家，被称为市场分配、政府分配之外的社会"第三次分配"的是(　　)。
    A. 公共支出　　　　　　　　　　B. 转移支付
    C. 财政补贴　　　　　　　　　　D. 慈善事业

四、多项选择题

1. 市场机制由（　　）共同组成。
    A. 价格机制　　　　　　　　　　B. 供求机制
    C. 竞争机制　　　　　　　　　　D. 干预机制
2. 社会公共需要的特征有（　　）。
    A. 公众性　　　　　　　　　　　B. 集中性
    C. 无偿性　　　　　　　　　　　D. 历史性
3. 市场失灵的表现有（　　）。
    A. 公共品　　　　　　　　　　　B. 外部效应
    C. 自然垄断　　　　　　　　　　D. 信息不充分
4. 市场经济体制下公共财政的职能有（　　）。
    A. 资源配置职能　　　　　　　　B. 收入分配职能
    C. 稳定经济职能　　　　　　　　D. 生产管理职能
5. 政府失灵的表现包括（　　）。
    A. 市场失灵　　　　　　　　　　B. 信息失真
    C. 决策失误　　　　　　　　　　D. 管理失控
6. 财政实现收入分配职能的方式有（　　）。
    A. 税收　　　　　　　　　　　　B. 转移支付
    C. 公共支出　　　　　　　　　　D. 社保制度
7. 属于典型公共需要的有（　　）。
    A. 公共卫生　　　　　　　　　　B. 环境保护
    C. 高等教育　　　　　　　　　　D. 医疗事业
8. 从经济学角度来看，公共权力运行具有的特点是（　　）。
    A. 普遍性　　　　　　　　　　　B. 稀缺性
    C. 经营性　　　　　　　　　　　D. 代理性
9. 公共财政的特征有（　　）。

A. 财政支出的公益性 B. 财政收入的完整性
C. 财政管理的公开性 D. 财政政策的保密性
10. 分析收入差距较常用的技术方法包括（　　）。
　　A. 拉弗曲线 B. 洛伦兹曲线
　　C. 恩格尔系数 D. 基尼系数
11. 财政实现资源配置职能的方式有（　　）。
　　A. 调整财政收入占生产总值的比重 B. 优化财政支出结构
　　C. 制定和执行相关财政政策 D. 调整财政体制
12. 属于财政资源配置职能范围的是（　　）。
　　A. 对外部效应的干预 B. 对经济周期的干预
　　C. 对收入差距的矫正 D. 信息不对称的矫正
13. 财政实现稳定经济职能的方式有（　　）。
　　A. 货币政策 B. 财政政策
　　C. 对收入差距的矫正 D. "自动稳定器"
14. 下列说法正确的有（　　）。
　　A. 公共品是与私人品相对应的
　　B. 公共品有复杂的需要显示机制
　　C. 公共品只能采取政府单一的提供方式
　　D. 公共品分为纯公共品和准公共品
15. 这些年我国公共需要发生的变化有（　　）。
　　A. 公共需要结构的升级化 B. 公共需要数量的增长化
　　C. 公共需要主体的多样化 D. 公共需要提供者的选择化
16. 私人需要的基本特征有（　　）。
　　A. 独享性 B. 集中性
　　C. 分散性 D. 有偿性
17. 我国公共需要的主体不断扩大，主要是指如下主体（　　）。
　　A. 城镇低收入群体 B. 城镇高收入群体
　　C. 广大农村居民 D. 政府机关工作人员
18. 准公共品也称"混合品"，主要包括（　　）。
　　A. 利益外溢的准公共品 B. 利益内溢的准公共品
　　C. 拥挤性的准公共品 D. 非拥挤性的准公共品
19. 政府可以依据公共产权获取财政收入，这类收入主要有（　　）。
　　A. 税收收入 B. 国有资本经营收入
　　C. 公债收入 D. 国有资源（资产）有偿使用收入
20. 下列说法错误的有（　　）。

A. 资源配置的目标是资源达到最有效的利用
B. 资源配置的目标是资源达到最平均的分配
C. 资源配置的核心是效率问题
D. 资源配置的核心是公平问题

五、名词解释

1. 公共需要

2. 市场失灵

3. 公共品

4. 外部效应

5. 非排他性

6. 非竞争性

7. 公共财政

8. 资源配置职能

9. 收入分配职能

10. 稳定经济职能

六、简答题

1. 社会公共需要有哪些特征?

2. 我国的社会公共需要正在发生哪些变化?

3. 简述公共财政的概念。

4. 简述公共财政的特征。

七、论述题

1. 试论市场失灵的表现。

2. 试论市场经济条件下公共财政的职能。

八、综合分析题

改革开放以来,我国经济总量不断提高,综合国力不断增强,财政收支规模不断扩大,但财政分配还存在"越位"和"缺位"的问题。请根据你所掌握的资料,综合分析作为以政府为主体的财政分配应该如何更好地发挥其职能,为市场经济服务。

第二章

财　政　支　出

一、填空题

1. 财政支出是政府对已经集中的_____进行有计划的再分配活动。也就是政府为了满足_____而对财政资金进行有计划的支付活动。

2. 财政支出功能分类就是按政府主要职能活动进行分类，主要反映政府各项职能活动及其_____。这种分类能够清晰反映政府各项职能活动支出的_____、_____和_____。

3. 财政支出经济分类是细化部门预算的重要条件，也是预算单位_____和_____的基础。

4. 财政支出规模是指在_____所安排的财政支出数量。它可用_____表示，也可用_____反映。

5. 财政支出结构是指财政资金用于各方面的_____、_____和_____。

6. 影响财政支出结构的因素主要有_____、_____、_____。

7. 一般公共服务支出是财政用于_____、_____行使其职能所发生的费用开支。

8. 一般公共服务支出反映着_____和一定时期政治经济任务的主要方向，决定于_____及其_____。

9. 国防支出是指财政用于_____及国防后备力量、_____及其他国防方面的费用支出。

10. 国防支出水平的一般决定因素有_____、_____、国际政治形势的变化情况、_____和技术标准。

11. 社会保障，是指国家依据一定的法律和法规，在_____因年老、疾病、伤残丧失劳动能力或丧失就业机会以及遇到其他事故而面临生活困难时，向其提供必不可少的_____和_____。

12. 社会保险基金支出包括_____、_____、基本医疗保险基金支出、工伤保险基金支出、生育保险基金支出、其他社会保险基金支出。

13. 财政投资支出是指政府通过预算安排用于_____的资金支出。

14. 财政投资支出与非政府部门的投资相比，财政投资支出具有投资动因的_____、投资行为的_____、投资使用的_____等特点。

15. 财政投资支出的管理包括_____、_____、建设管理等内容。

16. 财政补贴是政府为了实现特定目的，向_____提供的_____资助。

17. 财政补贴的内容包括_____、_____和其他补贴。

18. _____是政府采购制度的核心内容，它是确立政府采购行为的基本规则。

19. 财政支出绩效评价体系，是近二十年来出现在西方国家政府公共支出管理的一项重要制度，其核心是强调公共支出管理中的_____及其_____的关系。

20. 政府和社会资本合作是指政府通过_____、_____、财政补贴等事先公开的收益约定规则，引入社会资本参与基础设施和公共服务的投资和运营。

二、判断题

1. 市场经济条件下的财政支出规模是由国家经济建设需要所决定的。（　　）

2. 购买支出可以直接增加当期的社会购买力，并由政府直接占有社会产品和劳务，运用得当有助于优化资源配置，提高资源的利用水平。（　　）

3. 社会保障支出和国防支出都属于财政转移支出。（　　）

4. 国防经费使用效率衡量的重点是既定目标下的利润最大化。（　　）

5. 财政支出经济分类使政府支出分类体系更加完善，使政府每一项支出的具体用途得到真实具体的反映，更加全面、清晰地反映政府支出情况。（　　）

6. 教育科技文化卫生支出虽属于社会消费性支出，其费用也应该完全由政府的税收来补偿。（　　）

7. 财政补贴是一种特殊的财政分配方式，它对稳定市场，扶植有些产品的生产流通和消费，以及保障人民生活水平等具有重要作用。（　　）

8. 财政支出弹性就是财政支出增长率与 GDP 增长率相比的系数。如果财政支出增长率慢于 GDP 增长率，则财政支出弹性会缩小。（　　）

9. 财政支出增长不是市场经济国家经济发展中的一条规律。（　　）

10. 财政支出占 GDP 的比重越高，说明财政参与 GDP 分配的比例就越高、社会财力就越集中、政府对国民经济运行的介入程度也就越高。因而这一比重越高越好。（　　）

11. 如果资源配置以政府集中配置为主，则政府财政支出中的公共事业支出、社会保障支出等会增长。（　　）

第二章 财政支出

12. 我国一般公共服务支出要合理、适度,不能超越社会经济发展水平,更不能超越国家财政的承受能力。（　）
13. 公共安全支出是反映政府维护社会公共安全方面的支出。（　）
14. 竞争性投资项目,它具有社会效益高而经济效益高的特点,应由政府进行投资。（　）
15. 采购方式是政府采购制度的核心内容,也是确立政府采购行为的基本规则。（　）
16. 成本—效益分析法适用于政府公共开支中的国防、政治、文化、卫生等项目,其成本是易于计算的,但效益却不易衡量。（　）
17. 社会福利是指政府出资为对那些生活困难的老人、孤儿和残疾人等特殊困难群体提供生活保障而建立的制度。（　）
18. 政府采购对象的范围只包括货物,而不包括工程和服务。（　）
19. 采购人根据供应商的资信和业绩,选择若干供应商向其发出投标邀请书,由被邀请的供应商投标竞争,从中选定中标者的招标方式是邀请招标采购方式。（　）
20. PPP模式主要适用于政府负有提供责任又适宜市场化运作的公共服务、基础设施类项目。（　）

三、单项选择题

1. 财政补贴在财政支出中是（　　）的组成部分。
   A. 消费性支出　　　　　　　　B. 积累性支出
   C. 购买支出　　　　　　　　　D. 转移支出
2. 下列项目中,属于购买支出的是（　　）。
   A. 社会保障与行政管理支出　　B. 财政补贴与社会保障支出
   C. 政府投资、国防、行政支出　D. 政府投资与债务利息支出
3. 把财政支出分为购买性支出和转移性支出的标准是（　　）。
   A. 支出功能　　　　　　　　　B. 支出性质
   C. 支出用途　　　　　　　　　D. 支出范围
4. 购买性支出占较大比重的,说明财政执行（　　）的职能较强。
   A. 稳定经济　　　　　　　　　B. 收入分配
   C. 监督管理　　　　　　　　　D. 资源配置
5. 在财政支出中,属于转移性支出的是（　　）。
   A. 国防支出　　　　　　　　　B. 财政投资支出
   C. 事业支出　　　　　　　　　D. 财政补贴支出
6. 财政支出中对生产等经济活动影响较大的是（　　）。

A. 购买性支出 B. 转移性支出
C. 补偿性支出 D. 事业性支出

7. 下列属于购买性财政支出的是（　　）。
   A. 财政补贴支出 B. 国防支出
   C. 捐赠支出 D. 社会保障支出

8. 按政府主要职能活动对财政支出进行分类的是（　　）。
   A. 支出功能 B. 支出性质
   C. 支出经济 D. 支出政治

9. 使政府每一项支出的具体用途得到真实具体的反映，更加全面、清晰地反映政府支出情况的分类是（　　）。
   A. 按支出功能分类 B. 按支出性质分类
   C. 按支出用途分类 D. 按支出经济分类

10. 国家根据法律，强制由劳动者、企业、政府三方共同筹集基金，在劳动者及其家属生、老、病、伤、残、失业时给予的物质帮助是（　　）。
    A. 社会保险 B. 社会救助
    C. 社会福利 D. 社会优抚

11. 目前，我国政府采购的采购人（采购主体）范围是（　　）。
    A. 国家机关 B. 事业单位
    C. 国家机关和事业单位 D. 国家机关、事业单位和团体组织

12. 政府采购方式要建立以（　　）方式为主、其他采购方式为辅的采购方式体系。
    A. 竞争性谈判 B. 公开招标
    C. 邀请招标 D. 单一来源

13. 《政府采购法》正式实施的时间是（　　）。
    A. 2001年1月1日 B. 2002年1月1日
    C. 2003年1月1日 D. 2004年1月1日

14. 开展绩效评价工作的中心环节是（　　）。
    A. 提高政府管理效率 B. 健全财政支出绩效评价指标体系
    C. 提高公共部门信息透明度 D. 运用成本—效益分析法

15. 财政支出增长率与GDP增长率相比的系数是（　　）。
    A. 财政收入边际倾向 B. 财政支出边际倾向
    C. 财政收入弹性 D. 财政支出弹性

16. 提出"政府活动扩张法则"的是（　　）。
    A. 皮考克 B. 威斯曼
    C. 瓦格纳 D. 罗斯托

17. 财政资金用于各方面的数量、比例及相互关系，是指（　　）。

A. 财政支出结构 B. 财政支出规模
  C. 财政支出方向 D. 财政支出效益
18. 如果资源配置以政府集中配置为主,则政府财政支出中的( )。
  A. 经济建设支出所占比重会较低,公益事业支出比重较低
  B. 经济建设支出所占比重会较高,公益事业支出比重较低
  C. 经济建设支出所占比重会较高,公益事业支出比重较高
  D. 经济建设支出所占比重会较低,公益事业支出比重较高
19. 政府采购制度的核心内容是( )。
  A. 采购范围 B. 采购方式
  C. 采购程序 D. 采购数量
20. 公共服务领域PPP项目的管理者为( )。
  A. 发改委 B. 工信委
  C. 人民银行 D. 财政部

四、多项选择题

1. 财政支出是( )。
  A. 财政分配的第二阶段 B. 规定了政府活动的范围和方向
  C. 政府行使职能不可缺少的财力保证 D. 政府调控国民经济的重要手段
2. 财政支出中的购买支出包括( )。
  A. 社会保障支出 B. 国防支出
  C. 公共投资支出 D. 行政管理支出
3. 我国社会保险的主要项目有( )。
  A. 养老保险 B. 医疗保险
  C. 失业保险 D. 工伤保险
4. 下列关于"瓦格纳法则"说法正确的有( )。
  A. 是由德国经济学家瓦格纳提出的
  B. 由于财政收入增长而导致财政支出增加
  C. 把财政支出增长的因素分为政治因素和经济因素
  D. 是皮考克和威斯曼"替代效应"的理论基础
5. 按管理权限分类,可把财政支出分为( )。
  A. 购买性支出 B. 转移性支出
  C. 中央财政支出 D. 地方财政支出
6. 属于衡量财政支出规模的指标有( )。
  A. 中央财政支出总量 B. 地方财政支出总量

C. 财政支出边际倾向　　　　　　　D. 财政支出占 GDP 的比重

7. 我国财政支出结构存在的主要问题有（　　）。
   A. 存在着"越位"和"缺位"现象　　B. 政府资金管理缺乏统一协调
   C. 财政支出项目挂钩过多　　　　　D. 财政支出规模过大

8. 我国国防支出的内容包括（　　）。
   A. 现役部队及国防后备力量费用支出　B. 国防动员及其他国防方面的费用支出
   C. 国家外交的费用支出　　　　　　　D. 国家安全的费用支出

9. 社会保障支出按财政支出功能分类，可分为（　　）。
   A. 社会保障和就业支出　　　　　　B. 社会保险基金支出
   C. 社会生活支出　　　　　　　　　D. 社会保险支出

10. 我国社会保障体系包括（　　）。
    A. 社会保险　　　　　　　　　　　B. 社会救助
    C. 社会福利　　　　　　　　　　　D. 社会优抚

11. 按照投资项目的性质不同，可以把投资项目划分为（　　）。
    A. 管理性投资项目　　　　　　　　B. 公益性投资项目
    C. 基础性投资项目　　　　　　　　D. 竞争性投资项目

12. 财政补贴的内容包括（　　）。
    A. 价格补贴　　　　　　　　　　　B. 流通补贴
    C. 企业亏损补贴　　　　　　　　　D. 分配补贴

13. 政府采购的特点有（　　）。
    A. 资金来源的公共性　　　　　　　B. 采购活动的非营利性
    C. 采购管理的规范性　　　　　　　D. 采购对象的广泛性

14. 公开招标采购方式一般具有以下特点（　　）。
    A. 采购程序复杂　　　　　　　　　B. 采购规模大
    C. 耗时较长　　　　　　　　　　　D. 耗时较短

15. 财政支出绩效评价的方法主要有（　　）。
    A. 成本—效益分析法　　　　　　　B. 最低费用选择法
    C. 财务分析法　　　　　　　　　　D. "公共劳务"收费法

16. 制约财政支出结构的因素有（　　）。
    A. 政府职能　　　　　　　　　　　B. 经济发展阶段
    C. 资源配置方式　　　　　　　　　D. 财政支出弹性

17. 我国财政支出结构的变化趋势有（　　）。
    A. 社会保障支出比重将增大　　　　B. 教科文卫事业支出将增多
    C. 基础设施投资会增加　　　　　　D. 行政管理费用将控制在合理范围内

18. 财政投资支出的管理内容包括（　　）。

A. 立项管理   B. 筹资管理
C. 建设管理   D. 收益管理

19. 政府采购的方式有（　　）。
    A. 公开招标采购   B. 邀请招标采购
    C. 竞争性谈判   D. 单一来源采购

20. PPP项目按照运作方式分类，主要有（　　）。
    A. 租赁—运营—移交   B. 建设—运营—移交
    C. 建设—拥有—运营   D. 购买—建设—运营

五、名词解释

1. 财政支出

2. 财政支出结构

3. 一般公共服务支出

4. 转移支出

5. 政府采购

6. 社会保障支出

7. 财政投资支出

8. 购买支出

9. 财政补贴

10. 政府与社会资本合作

六、简答题

1. 简述影响财政支出的主要因素。

2. 如何进一步完善我国的政府采购制度?

3. 简述你对我国目前社会保障制度的认识。

4. 简述政府与社会资本合作的模式。

七、论述题

1. 从财政支出角度论述怎样进一步完善我国公共财政建设。

2. 试论我国如何更好地开展财政支出绩效评价工作。

八、综合分析题

改革开放以来，我国财政支出的规模不断扩大，随着财政改革的不断深化，财政支出结构也在不断地优化。请根据你所掌握的资料，综合分析我国财政支出结构存在的问题和进一步优化的对策。

第三章

财 政 收 入

一、填空题

1. 财政收入是政府为了满足_____，从分散在各微观主体的_____中集中起来的一部分货币资金。
2. 财政收入按取得收入的时间划分，分为_____和_____。
3. 财政收入按管理级次划分，分为_____和_____。
4. 财政收入结构是指财政收入的_____及其相互关系。它包括财政收入的_____、_____和产业部门构成等。
5. 税收的基本特征又称为税收的"三性"，即税收与其他财政收入形式相比，具有_____、_____和_____三大特征。
6. 税制是税收制度的简称。_____、课税对象、_____是构成税收制度的三个最基本的要素。
7. 政府性基金是指_____依照法律、法规并经有关部门批准设立，凭借_____或_____，为支持某项事业发展，向单位和个人征收的具有专项用途的资金。
8. 按照发行区域不同，可将公债分为_____和_____。
9. 按照举债主体不同，可将公债分为_____和_____。
10. 直接公募法是指由_____通过邮政机关或其他通讯系统，面向全国公众募集公债，发行的费用和损失全部由_____承担。
11. 要尽快建立健全国有资产_____管理制度，督促有关机构将国有资产收入及时足额上缴_____，防止国有资产收入流失。
12. 国有资本经营收入，包括企业上缴的国有资本分享的_____，国有股红利、股息，企业国有产权（股权）_____、_____以及依法由国有资本享有的其他收入。

13. 税收征收管理机制由_____、_____、税款征收、税务检查、票证管理、税务行政复议和税务代理等环节构成。

14. 公债是公共债务的简称，与税收比较，公债具有_____、_____和灵活性等基本特征。

15. 财政风险的特征有：_____、_____和传导性。

16. 按承担风险的主体，财政风险分为_____和_____。

17. 按风险的构成内容，财政风险分为_____和_____。

18. 按税收客体可把税收可分为_____、_____、资源税、财产税、行为税等几大类。

19. 按收费的内容和管理手段划分，行政性收费可分_____、_____和资源性收费等几类。

20. 公债偿还的方法通常有_____和_____两种。

二、判断题

1. 财政收入表现为一定量的货币收入，物价水平不会影响财政收入规模。（   ）
2. 我国财政收入的主要来源是国有经济缴纳的规费。（   ）
3. 衡量财政收入规模的指标，只是财政收入绝对量。（   ）
4. 农业是国民经济的基础，也是财政收入的基础。工业是国民经济的主导，对财政收入状况起着决定作用。（   ）
5. 在任何社会形态下，国家的存在并履行其职能都离不开一定的物质基础，而国家本身是非生产性的，就必须运用税收来满足其需要。（   ）
6. 非债务性风险是指财政来自债务性风险之外的财政自身的风险及从其他领域最终转嫁给财政承担的各种风险。（   ）
7. 国家征税与国家发行公债是同等性质的财政收入形式。（   ）
8. 在税收工作中，各地方人民政府和税务机关可以根据本地区的实际情况，决定减免和征税。（   ）
9. 国家征税完全是为了保证国家机关正常运转所需经费来源。（   ）
10. 消费税为价内税，实行从价征收的消费品的税基与增值税的税基是一样的。（   ）
11. 个人所得税是以自然人取得的各类应税所得为征税对象而征收的一种税。（   ）
12. 全额累进税率比超额累进税率能更好地体现公平原则。（   ）
13. 消费税是对所有消费品征收的税。（   ）
14. 一国债务依存度，一般是指国内外债务总额占一国财政收入的比重。（   ）

15. 行政性收费是指国家机关或法律、行政法规授权的组织，在履行政府职能过程中，依照法律、法规并经有关部门批准，向企业收取的费用。（　　）
16. 公债规模过大或公债结构过分不合理，必然会引发财政风险。（　　）
17. 经济发展水平越高，财政可分配的对象就越多，一般来说，该国财政收入总额也就越大，财政收入占 GDP 的比重也可能提高。（　　）
18. 税收是财政收入的一种形式，而且是最基本、最重要的形式。（　　）
19. 在我国境内销售服务、无形资产或者不动产的不属于增值税的征收范围。（　　）
20. 社会主义初级阶段的财政风险，特别是处于体制变迁或经济转型过程中的财政风险，是一种政府性的经济风险，也是市场经济风险。（　　）

三、单项选择题

1. 国家向纳税人征收税款凭借的是（　　）。
   A. 国家的政治权力　　　　　　B. 财产所有权
   C. 国家的经济垄断地位　　　　D. 生产经营权
2. 一种税和另一种税区别的主要标志是（　　）。
   A. 纳税人　　　　　　　　　　B. 纳税环节
   C. 课税对象　　　　　　　　　D. 税率
3. 税收制度的核心是（　　）。
   A. 纳税环节　　　　　　　　　B. 课税对象
   C. 纳税人　　　　　　　　　　D. 税率
4. 被称为"经济自动稳定器"的是（　　）。
   A. 幅度比例税率　　　　　　　B. 定额税率
   C. 累进税率　　　　　　　　　D. 统一比例税率
5. 我国目前实行的增值税的基本税率为（　　）。
   A. 13%　　　　　　　　　　　B. 17%
   C. 6%　　　　　　　　　　　 D. 10%
6. 增值税是一种（　　）。
   A. 价外税　　　　　　　　　　B. 价内税
   C. 收益税　　　　　　　　　　D. 行为税
7. （　　）是对生产、加工和进口应税消费品的销售收入或购买金额征收的一种税。
   A. 环保税　　　　　　　　　　B. 消费税
   C. 增值税　　　　　　　　　　D. 关税
8. 政府调节控制居民个人收入水平的主要税种是（　　）。
   A. 个人所得税　　　　　　　　B. 消费税

C. 城镇土地使用税　　　　　　　　D. 车船使用税

9. 下列属于比例税率的特殊形式的是（　　）。
   A. 超率累进税率　　　　　　　　B. 全额累进税率
   C. 定额税率　　　　　　　　　　D. 超额累进税率

10. 公债依存度一般控制在（　　）。
    A. 3%左右　　　　　　　　　　B. 8%左右
    C. 10%左右　　　　　　　　　 D. 20%左右

11. 公债负担率主要考察的因素是（　　）。
    A. 公债余额　　　　　　　　　B. 当年公债发行额
    C. 还本付息额　　　　　　　　D. 当年到期公债额

12. 先由银行等金融机构将承购政府发行的公债，然后再向社会销售的方法，一般称为（　　）。
    A. 公募法　　　　　　　　　　B. 特别发行法
    C. 公卖法　　　　　　　　　　D. 银行包销法

13. 非税收入的征收主体是（　　）。
    A. 政府　　　　　　　　　　　B. 经济单位
    C. 社会团体　　　　　　　　　D. 个人

14. 把税收分为直接税和间接税的标准是（　　）。
    A. 课税对象的性质　　　　　　B. 税负能否转嫁
    C. 价税关系　　　　　　　　　D. 计税标准

15. 对财政收入规模的制约是基础性和决定性的是（　　）。
    A. 经济发展水平　　　　　　　B. 税收征管力度
    C. 价格水平　　　　　　　　　D. 分配制度

16. 按单位课税对象直接规定一个固定税额，这是（　　）。
    A. 定额税率　　　　　　　　　B. 比例税率
    C. 超额累进税率　　　　　　　D. 金额累进税率

17. 市场中介组织在服务、沟通、监督过程中向有关方面收取的事业性收费是（　　）。
    A. 公益性收费　　　　　　　　B. 检测性收费
    C. 咨询服务性收费　　　　　　D. 中介服务性收费

18. 衡量整个国民经济承受公债能力的指标是（　　）。
    A. 公债偿债率　　　　　　　　B. 公债负担率
    C. 公债依存度　　　　　　　　D. 公债发行率

19. 从财政风险产生的根源来看，无论内生还是外生的，一般不是财政运行引起的，而主要是经济运行、政策调整或体制因素造成的，这是指财政风险的（　　）。
    A. 隐蔽性　　　　　　　　　　B. 公共性

C. 传导性 D. 公开性
20. 没有正式确认的、在某一事件发生后才发生的债务是（　　）。
    A. 直接显性债务　　　　　　　B. 直接隐性债务
    C. 或有显性债务　　　　　　　D. 或有隐性债务

四、多项选择题

1. 构成税收制度的基本要素包括（　　）。
   A. 纳税人　　　　　　　　　　B. 课税对象
   C. 税率　　　　　　　　　　　D. 税务机关
2. 按课税对象不同，可以把我国税种分为（　　）。
   A. 流转税　　　　　　　　　　B. 所得税
   C. 资源税　　　　　　　　　　D. 财产税和行为税
3. 我国现行税率可以分为（　　）。
   A. 比例税率　　　　　　　　　B. 全额累进税率
   C. 定额税率　　　　　　　　　D. 超额累进税率
4. 公债的基本特征有（　　）。
   A. 自愿性　　　　　　　　　　B. 有偿性
   C. 灵活性　　　　　　　　　　D. 强制性
5. 我国的税收按照征管和使用权可分为（　　）。
   A. 价内税　　　　　　　　　　B. 价外税
   C. 中央税　　　　　　　　　　D. 地方税
6. 世界各国发行国债的方法主要有（　　）。
   A. 公募法　　　　　　　　　　B. 承销法
   C. 公卖法　　　　　　　　　　D. 特别发行法
7. 我国现行所得税类的税种主要有（　　）。
   A. 增值税　　　　　　　　　　B. 环保税
   C. 企业所得税　　　　　　　　D. 个人所得税
8. 我国现行的资源、土地税类有（　　）。
   A. 资源税　　　　　　　　　　B. 房产税
   C. 城镇土地使用税　　　　　　D. 土地增值税
9. 影响财政收入规模的因素有（　　）。
   A. 经济发展水平　　　　　　　B. 分配制度
   C. 价格水平　　　　　　　　　D. 政府职能
10. 我国财政收入中的债务收入包括（　　）。

A. 政府公债　　　　　　　　　B. 向外国政府的借款
C. 企业债券　　　　　　　　　D. 金融债券

11. 我国现行的财产税类有（　　）。
    A. 土地增值税　　　　　　　B. 耕地占用税
    C. 车船使用税　　　　　　　D. 房产税

12. 公债偿还的资金来源有（　　）。
    A. 财政结余　　　　　　　　B. 预算列支
    C. 偿债基金　　　　　　　　D. 举借新债

13. 政府非税收入主要包括（　　）。
    A. 行政事业性收费　　　　　B. 政府性基金
    C. 专项收入　　　　　　　　D. 公债收入

14. 按收费的内容和管理手段划分，行政性收费可分为（　　）。
    A. 管理性收费　　　　　　　B. 证照性收费
    C. 资源性收费　　　　　　　D. 公益性收费

15. 财政风险按风险的构成内容，分为（　　）。
    A. 中央财政风险　　　　　　B. 地方财政风险
    C. 债务性财政风险　　　　　D. 非债务性财政风险

16. 衡量财政收入相对量的指标有（　　）。
    A. 人均财政收入　　　　　　B. 财政收入占 GDP 的比重
    C. 财政总收入　　　　　　　D. 一般预算收入

17. 按税收能否转嫁，可把税收分为（　　）。
    A. 直接税　　　　　　　　　B. 间接税
    C. 价内税　　　　　　　　　D. 价外税

18. 属于流转税的有（　　）。
    A. 增值税　　　　　　　　　B. 消费税
    C. 关税　　　　　　　　　　D. 所得税

19. 按照举债主体不同，可将公债分为（　　）。
    A. 国内公债　　　　　　　　B. 国外公债
    C. 中央公债　　　　　　　　D. 地方公债

20. 财政风险的特点有（　　）。
    A. 隐蔽性　　　　　　　　　B. 公共性
    C. 传导性　　　　　　　　　D. 公开性

五、名词解释

1. 财政收入

2. 财政收入结构

3. 税收

4. 纳税人

5. 税率

6. 增值税

7. 公债

8. 公债负担率

9. 行政事业性收费

10. 财政风险

六、简答题

1. 简述影响财政收入规模的因素。

2. 简述非税收入与税收收入的区别。

3. 简述事业性收费的主要内容。

4. 简述影响公债规模的因素。

七、论述题

1. 如何加强非税收入的管理？

2. 试论财政收入的可持续增长问题。

八、综合分析题

近些年来,我国许多地方政府为促进本地经济发展,改善城市环境,逐渐加大了基础设施建设投入力度。在财政性资金投入不足的情况下,运用各种方式举借债务成为地方政府筹措资金的重要手段。近些年我国不断加强了地方政府债务管理。根据相关资料和调研,综合分析如何进一步加强地方政府债务管理。

第四章

财 政 预 算

一、填空题

1. 政府预算的法律效力体现在政府预算管理的全过程，包括_____、_____、和_____等环节。

2. 按照我国政府预算管理的有关法律规定，中央政府预算的经常性收支部分和地方各级政府预算按照_____的原则编制；中央预算的建设性收支部分按照_____的原则编制。

3. 按政府预算组织形式分类，可把预算分为_____和_____。

4. 典型的复式预算通常分为_____和_____两部分。

5. 政府决算是_____的总结和终结。

6. 单位预算的级次可划分为_____、_____和_____。三级单位预算以下称为报账单位，不作为一级预算单位。

7. 按照政府预算的_____，可把政府预算分为基数预算和零基预算。

8. 目前世界各国实行的预算年度主要有_____和_____两大类。

9. 政府预算管理程序具体包括_____、_____和_____三个环节。

10. 预算编制是政府预算管理的基础环节，在我国由_____负责。

11. 在我国，具体负责政府预算编制工作的机构是_____。

12. 部门预算的支出预算包括_____和项目支出。

13. 从世界范围来看，国库体制主要有三种类型：_____、_____和_____。

14. 政府一般预算收支按预算收支总表内容划分，包括_____和_____两部分。

15. 政府预算执行阶段是政府预算管理的_____。

16. 政府预算执行的组织体系包括_____和_____。

17. _____是预算执行中的重要任务，是组织预算执行中新的预算收支平衡的重要方法。

18. 在预算执行中，追加追减收支是政府预算实现新的平衡的重要方法。但是，应该注意的是，追加支出必须有相应的_____；追减收入必须相应_____。

19. 政府决算是预算执行的总结和终结。各级政府必须依据法律和行政法规的有关规定，按照_____的程序编制政府决算草案，做到收支数额准确、内容完整、报送及时。

20. 根据我国国库集中收付制度规定，按照不同的支付主体，对不同类型的支出，分别实行_____和_____两种支付方式。

二、判断题

1. 政府预算的调控作用只有在市场经济体制下才能充分发挥出来。（   ）
2. 在复式预算组织形式下，资本预算的收入来源主要是税收收入。（   ）
3. 按预算编制方法分类，可把预算分为基数预算和零基预算。（   ）
4. 美国、泰国等国家实行的预算年度是"4月制"。（   ）
5. 英国、日本等国家实行的预算年度是"10月制"。（   ）
6. 政府预算草案的初审工作要在各级人代会召开期间按时进行完毕。（   ）
7. 政府预算的备案工作是指地方各级人民政府将汇总后的政府总预算报上一级政府备案。（   ）
8. 各级政府预算调整方案的审批机关是本级人大常委会。（   ）
9. 各级人民政府决算草案的审批机关是各级人大常委会。（   ）
10. 预备费的动用决定权归各级人民政府财政部门。（   ）
11. 对预算执行情况检查分析所采取的方法一般包括对比分析法和因素分析法。（   ）
12. 政府各部门预算的支出预算部分包括基本支出、项目支出。（   ）
13. 我国实行的国库体制是委托国库制。（   ）
14. 国库支付方式有财政直接支付和财政授权支付两种。（   ）
15. 国库集中收付的主体是政府。（   ）
16. 零余额账户是指财政部门按资金使用性质在商业银行开设的账户。（   ）
17. 目前，实行财政直接支付的支出包括工资支出、购买支出、中央对地方的专项转移支付等。（   ）
18. 零基预算的优点之一是保持了预算收支的连续性，而且便于操作。（   ）
19. 目前，从世界范围来看，实行独立国库制的国家占大多数。（   ）
20. 县以上各级政府决算草案由本级人民代表大会审查和批准，乡级政府决算草案由本级人大常委会审查和批准。（   ）

三、单项选择题

1. 把全部财政收支统一编入一个预算收支表的政府预算是（　　）。
   A. 单式预算　　　　　　　　B. 复式预算
   C. 功能预算　　　　　　　　D. 部门预算

2. 不考虑过去的预算项目和收支水平，以零为基点编制的预算称为（　　）。
   A. 基数预算　　　　　　　　B. 零基预算
   C. 中央预算　　　　　　　　D. 地方预算

3. 按照《预算法》的规定，政府财政部门应当自本级人代会批准预算之日起（　　）内向本级政府各部门批复预算。
   A. 10 日　　　　　　　　　B. 15 日
   C. 20 日　　　　　　　　　D. 30 日

4. 下列预算年度实行"10 月制"的国家是（　　）。
   A. 英国　　　　　　　　　　B. 美国
   C. 德国　　　　　　　　　　D. 法国

5. 各级政府决算经批准后，财政部门应当自批准之日起（　　）内向本级各部门批复决算。
   A. 10 日　　　　　　　　　B. 15 日
   C. 20 日　　　　　　　　　D. 30 日

6. 财政部门在中国人民银行开设的，用于记录、核算和反映纳入预算管理的财政收入和支出活动的账户是（　　）。
   A. 零余额账户　　　　　　　B. 国库单一账户
   C. 小额现金账户　　　　　　D. 预算外资金财政专户

7. 县级以上地方各级政府应当自本级人大常委会批准本级政府决算之日起（　　）内，将本级政府决算及下一级政府上报备案的决算汇总，报上一级政府备案。
   A. 10 日　　　　　　　　　B. 15 日
   C. 20 日　　　　　　　　　D. 30 日

8. 乡级政府决算的审批机关是（　　）。
   A. 乡人代会　　　　　　　　B. 乡人大常委会
   C. 乡人民政府　　　　　　　D. 乡财政部门

9. 乡级政府预算调整方案的审批机关是（　　）。
   A. 乡人代会　　　　　　　　B. 乡人大常委会
   C. 乡人民政府　　　　　　　D. 乡财政部门

10. 政府预算必须按法定的预算年度编制，不允许将不属于本年度的收支内容列入本年度的政府预算之中指的是政府预算的（　　）。
  A. 年度性   B. 公开性
  C. 完整性   D. 统一性

11. 工资福利支出、商品服务支出和对个人及家庭的补助属于部门预算的（　　）。
  A. 项目支出   B. 基本支出
  C. 专项支出   D. 特殊支出

12. 我国地方政府预算由（　　）组成。
  A. 一级   B. 二级
  C. 三级   D. 四级

13. 在我国，具体负责政府预算编制工作的机构是（　　）。
  A. 财政机关   B. 税务机关
  C. 政府   D. 国库

14. 在政府预算执行中组织预算新的平衡的重要方法是（　　）。
  A. 追加追减预算   B. 预算划转
  C. 预算调整   D. 追减支出

15. 县以上各级政府预算调整方案的审批机关是（　　）。
  A. 财政机关   B. 税务机关
  C. 人大常委会   D. 政府

16. 乡级人民政府预算草案的审批机关是（　　）。
  A. 财政机关   B. 政府
  C. 乡级人大常委会   D. 乡级人代会

17. 预算执行的总结和终结是（　　）。
  A. 政府预算   B. 预算执行
  C. 政府决算   D. 预算调整

18. 按照我国改革进展实际，目前政府预算包括几个部分，其中（　　）是政府预算编制最重要的部分。
  A. 一般预算   B. 基金预算
  C. 国有资本经营预算   D. 社会保障预算

19. 政府预算管理的中心环节是（　　）。
  A. 预算执行   B. 预算编制
  C. 预算批复   D. 预算调整

20. 采取收入按来源形式、支出按用途方法进行编制的预算是（　　）。
  A. 基础预算   B. 零基预算
  C. 功能预算   D. 部门预算

四、多项选择题

1. 政府预算按其组织形式，可划分为（　　　　）。
   A. 单式预算　　　　　　　　B. 中央预算
   C. 复式预算　　　　　　　　D. 地方预算

2. 政府预算按其编制方法，可划分为（　　　　）。
   A. 基数预算　　　　　　　　B. 零基预算
   C. 总预算　　　　　　　　　D. 部门预算

3. 政府预算按其预算内容分合关系，可划分为（　　　　）。
   A. 单位预算　　　　　　　　B. 地方预算
   C. 总预算　　　　　　　　　D. 部门预算

4. 政府预算按其组织体系的构成环节，可划分为（　　　　）。
   A. 中央预算　　　　　　　　B. 地方预算
   C. 复式预算　　　　　　　　D. 经常预算

5. 复式预算是单式预算的对称。按其原理通常分为（　　　　）两部分。
   A. 中央预算　　　　　　　　B. 地方预算
   C. 资本预算　　　　　　　　D. 经常预算

6. 政府预算按其法律效力，可划分为（　　　　）。
   A. 正式预算　　　　　　　　B. 调整预算
   C. 临时预算　　　　　　　　D. 基数预算

7. 一般来说，决定政府预算年度不同的因素主要包括（　　　　）。
   A. 财政体制　　　　　　　　B. 宗主国的传统习惯
   C. 农产品收获季节　　　　　D. 议会召开时间

8. 一般来说，政府预算的特征包括（　　　　）。
   A. 公开性　　　　　　　　　B. 完整性
   C. 法律性　　　　　　　　　D. 年度性

9. 本级预算收入是指各级政府在本地区经济社会发展的基础上，经过自身的努力，本级依法组织的预算收入。具体来说，包括（　　　　）。
   A. 税收收入　　　　　　　　B. 非税收入
   C. 社会保险基金收入　　　　D. 债务收入

10. 中央预算主要由以下（　　　　）等部分组成。
    A. 中央各部门预算　　　　　B. 中央各直属单位预算
    C. 上下级政府间税收返还　　D. 上下级政府间转移支付收支

11. 我国政府支出的功能分类包括（　　　　）等。

A. 一般公共服务 　　　　　　　B. 外交
C. 国防 　　　　　　　　　　　D. 公共安全

12. 财政收入的收缴方式有（　　　）。
    A. 直接缴库 　　　　　　　　B. 间接缴库
    C. 集中汇缴 　　　　　　　　D. 分散汇缴

13. 部门预算的项目支出包括（　　　）。
    A. 基本建设支出 　　　　　　B. 社会事业发展支出
    C. 债务支出 　　　　　　　　D. 专项支出

14. 我们通常所说的预算收入"征收机关"是指（　　　）。
    A. 财政机关 　　　　　　　　B. 税务机关
    C. 海关 　　　　　　　　　　D. 国库

15. 在预算执行阶段，所有参与预算管理的各主体应当共同完成的任务包括（　　　）。
    A. 组织预算收入 　　　　　　B. 拨付预算资金
    C. 预算调整 　　　　　　　　D. 预算执行的检查分析

16. 从世界范围来看，国库体制的类型主要有三种，包括（　　　）。
    A. 独立国库制 　　　　　　　B. 委托国库制
    C. 银行存款制 　　　　　　　D. 直接缴库

17. 国库集中收付制度是建立、规范国库集中收付活动的各种法令、办法和制度的总称，由以下（　　　）三种制度组成。
    A. 国库集中支付管理制度 　　B. 预算外资金财政专户制度
    C. 国库集中账户管理制度 　　D. 国库集中收入管理制度

18. 目前，我国国库单一账户体系包括（　　　）几类账户。
    A. 国库单一账户 　　　　　　B. 零余额账户
    C. 小额现金账户 　　　　　　D. 特设专户

19. 我国国库集中收付制度规定的财政收入收缴方式包括（　　　）两种。
    A. 直接缴库 　　　　　　　　B. 集中汇缴
    C. 就地缴库 　　　　　　　　D. 自收汇缴

20. 部门收入预算主要包括（　　　）。
    A. 上年结转收入 　　　　　　B. 财政拨款收入
    C. 专项收入 　　　　　　　　D. 缴入国库的行政事业性收费

五、名词解释

1. 政府预算

2. 复式预算

3. 零基预算

4. 预算年度

5. 预算调整

6. 部门预算

7. 基本支出

8. 零余额账户

9. 财政直接支付

10. 财政授权支付

六、简答题

1. 简述单式预算和复式预算的优缺点。

2. 简述国库集中收付制度的主要内容。

3. 简述零基预算的优缺点。

4. 简述我国国库集中收付制度的特征。

七、论述题

1. 试论部门预算与传统预算的区别。

2. 试论我国部门预算的进一步完善。

八、综合分析题

全面规范、公开透明的预算制度,是国家治理体系和治理能力现代化的基础和重要标志。预算公开是建立和实施全面规范、公开透明的现代预算制度的重要抓手和推动力。近年来,财政部门在推动预算公开方面做了很多工作,取得了一定成效,还存在一些问题。根据相关资料和调研,综合分析如何进一步做好预算公开工作。

第五章

财 政 体 制

一、填空题

1. 财政管理体制的实质是处理政府间在管理权限上的_____、在收支范围上的_____的关系。

2. 广义上的财政体制，包括_____、税收管理体制、_____和公债管理体制等。

3. 预算收支划分就是确定政府间财政收入的_____和财政支出的_____。

4. _____是市场经济国家普遍推行的一种财政体制类型。

5. 我国从_____年开始实行分税制财政体制。

6. 全国公共财政收入 = _____ + 地方本级收入。

7. 在分税制条件下，分级预算是在有关制度建立的基础上，实行各级政府预算的分别编制、_____、_____和_____。

8. 一级政府事权的大小决定其_____的责任，财政支出责任的大小决定其财政收入的归属。

9. 在我国长达六十多年的财政体制改革实践中，经历了由_____，到集权与分权、集中与分散相结合，再到通过推行_____逐步扩大地方预算管理权限的改革历程。

10. _____是财政体制的核心内容。

11. 分税制是市场经济国家普遍推行的一种财政体制。_____、各级财政相对独立是它的本质特征，按税种来划分各级财政的收入是它的形式特征。

12. 分税制的构成要素包括_____、_____、_____、政府间转移支付制度和分级预算等方面。

13. 政府间转移支付的客体是_____，包括_____转移和_____转移两个方面。

14. _____是指不同级次的政府各自的收入与其承担的事权所需要的支出不相等。

15. _____是指以基本公共服务均等化为目标，均衡地区间财力差距，不指定具体用途，由地方统筹安排的转移支付。

16. 根据国际经验，政府间转移支付的模式有两种，即单一的_____的纵向财政转移支付和_____的财政转移支付。

17. _____是专项转移支付的显著特征。

18. 过渡期某地区客观因素财政转移支付额 =（该地区_____ – 该地区标准财政收入）× _____。

19. 转移支付系数参照_____、_____以及各地区财政困难程度等因素确定。

20. 在我国，设立中央对地方一般性转移支付的总体目标是_____，逐步实现基本公共服务均等化。

二、判断题

1. 世界上主要国家的政权结构一般为三级，相应预算级次也分为三级。（ ）
2. 政府间财政支出责任划分的具体项目不存在统一模式。（ ）
3. 法律列举地方事权，未列举的事权推定属于中央，这是事权划分方式的中央推定法。（ ）
4. 2016年"营改增"后，增值税中央分享50%、地方分享50%。（ ）
5. 一般将维护国家权益、实施宏观调控所必需的税种划为中央税。（ ）
6. 我国2002年始，所得税收入中央分享60%、地方分享40%。（ ）
7. 按分税制规定，出口退税全部由地方政府负担。（ ）
8. 世界各国的预算级次是相同的。（ ）
9. 财政支出责任决定政府事权的大小。（ ）
10. 税种属性是决定政府间收入划分的主要标准。（ ）
11. 对于税基流动性较强的收入，一般作为中央政府收入。（ ）
12. 我国实施过的财政体制，基本可分为统收统支、分税制两种类型。（ ）
13. 英国是税权高度集中的国家。（ ）
14. 税收返还只是指增值税和消费税返还。（ ）
15. 我国预决算草案编制权在各级人大。（ ）
16. 专项转移支付可用于弥补地方财力缺口。（ ）

17. 从 2000 年 1 月 1 日起，我国将按企业隶属关系划分中央和地方所得税收入的办法改为中央和地方按统一比例分享。（　　）

18. 政府事权的科学界定及在不同级次政府间的合理划分，是建立科学合理财政体制的基础。（　　）

19. 目前我国的转移支付形式有自上而下的税收返还、体制补助、结算补助和专项拨款等，形式多样，非常规范，透明度较高，人为操作因素较小，政策性调节较强。（　　）

20. 转移支付是各级政府财政资金的相互转移，活动范围只限于各级政府之间。（　　）

三、单项选择题

1. 财政体制的核心内容是指（　　）。
   A. 预算组织管理体系　　　　B. 政府间转移支付制度
   C. 预算收支范围划分　　　　D. 预算管理权责的划分

2. 我国分税制财政体制开始实行的时间是（　　）。
   A. 1990 年　　　　　　　　B. 1994 年
   C. 1995 年　　　　　　　　D. 2016 年

3. 从 2003 年始，除一部分特殊企业外，其他企业所得税收入中央与地方的分享比例为（　　）。
   A. 中央 50%，地方 50%　　B. 中央 60%，地方 40%
   C. 中央 40%，地方 60%　　D. 中央 70%，地方 30%

4. 我国在 1980—1985 年间实施的财政体制是（　　）。
   A. 统收统支体制　　　　　　B. 划分收支、分级包干体制
   C. 分税制体制　　　　　　　D. 统一领导、分级管理体制

5. 下列事权划分采取中央列举法的国家是（　　）。
   A. 加拿大　　　　　　　　　B. 南非
   C. 德国　　　　　　　　　　D. 美国

6. 下列属于中央与地方 50% 与 50% 分成的税种是（　　）。
   A. 消费税　　　　　　　　　B. 个人所得税
   C. 增值税　　　　　　　　　D. 关税

7. 所得税实施中央与地方共同分成的时间是（　　）。
   A. 2001 年　　　　　　　　B. 2002 年
   C. 2003 年　　　　　　　　D. 2004 年

8. 我国"营改增"全面开始实施的时间是（　　）。
   A. 2013 年　　　　　　　　B. 2014 年
   C. 2015 年　　　　　　　　D. 2016 年

9. 从发达国家的经验来看，普遍把（　　）作为地方政府的收入。
   A. 财产税　　　　　　　　　　B. 流转税
   C. 所得税　　　　　　　　　　D. 行为税
10. 不同级次的政府各自的财政收入与其承担的事权所需要的财政支出不相等的，称之为（　　）。
    A. 财政横向失衡　　　　　　　B. 财政纵向失衡
    C. 财政政治失衡　　　　　　　D. 财政经济失衡
11. 市场经济国家普遍推行的一种财政管理体制模式是（　　）。
    A. 统收统支体制　　　　　　　B. 分级包干体制
    C. 分税制体制　　　　　　　　D. 统一领导体制
12. 划分上下级政府间的事权和支出范围属于分税制构成要素中的（　　）。
    A. 分权　　　　　　　　　　　B. 分税
    C. 分管　　　　　　　　　　　D. 分级预算
13. 分别设立中央税和地方税两个相互独立的税收制度和税收管理体系的做法称为（　　）。
    A. 分管　　　　　　　　　　　B. 分税
    C. 分权　　　　　　　　　　　D. 分享
14. 根据事权与财权相结合的原则，将维护国家权益、实施宏观调控所必需的税种划为（　　）。
    A. 中央税　　　　　　　　　　B. 地方税
    C. 其他税　　　　　　　　　　D. 中央与地方共享税
15. 转移支付是各级政府财政资金的相互转移，活动范围只限于（　　）。
    A. 政府对企业　　　　　　　　B. 政府对单位
    C. 政府对个人　　　　　　　　D. 各级政府之间
16. 中央政府拨款时并不规定资金的用途，也不要求地方政府进行资金配套，地方政府可按自己的意愿使用这笔财政资金，这属于（　　）。
    A. 有条件转移支付　　　　　　B. 一般性转移支付
    C. 专项补助　　　　　　　　　D. 分类补助
17. 世界上多数国家的政府间转移支付采用的是（　　）。
    A. 以纵向为主纵横交错的财政平衡模式
    B. 以横向为主纵横交错的财政平衡模式
    C. 纵向与横向交错的财政平衡模式
    D. 单一的自上而下的纵向财政平衡模式
18. 根据各地的税收能力进行转移支付测算的类型是（　　）。
    A. 收支均衡型　　　　　　　　B. 收支均等化型

  C. 支出需求均衡型   D. 简单人均型
19. 世界上主要国家的预算级分为（　　）。
  A. 二级   B. 三级
  C. 四级   D. 五级
20. 我国1985—1988年实行的财政体制是（　　）。
  A. 划分税种、核定收支、分级包干   B. 划分收支、分级包干体制
  C. 分税制体制   D. 统一领导、分级管理体制

四、多项选择题

1. 在我国，决定政府预算组织管理体系的因素包括（　　）。
  A. 国家政权结构   B. 行政区域划分
  C. 预算管理体制   D. 税收管理体制
2. 一般来说，预算管理体制的内容包括（　　）。
  A. 预算组织管理体系   B. 政府间转移支付制度
  C. 预算收支范围划分   D. 预算管理权责的划分
3. 一般来说，决定一国政府间财力和财权集中和分散程度大小的主要因素包括（　　）。
  A. 国家政权结构   B. 国家的性质
  C. 国家的职能   D. 国家的经济体制
4. 世界各国遵循下列（　　）并根据本国国情分别实行不同的税权划分模式。
  A. 效率原则   B. 适应原则
  C. 恰当原则   D. 集权原则
5. 预算管理权责是指法律规定的参与预算管理的各主体对预算管理的权限和责任。它包括（　　）等等。
  A. 预决算草案编制权   B. 预决算草案审批权
  C. 预算执行权   D. 预算调整权
6. 在我国，参与政府预算管理的各主体包括（　　）。
  A. 各级人民代表大会   B. 各级人大常委会
  C. 各级人民政府   D. 各级财政部门
7. 我国财政体制的类型包括（　　）。
  A. 统收统支体制   B. 统一领导、分级管理体制
  C. 划分收支、分级包干体制   D. 分税制体制
8. 一般来说，分税制体制的构成要素包括（　　）。
  A. 分权   B. 分税
  C. 分管   D. 政府间转移支付

9. 税收收入划分的一般方法包括(　　)。
   A. 分割税额　　　　　　　　　B. 分割税率
   C. 分割税种　　　　　　　　　D. 分割税制

10. 分税制的本质特征有(　　)。
    A. 财政分级管理　　　　　　　B. 财政集中管理
    C. 各级财政相对独立　　　　　D. 中央财政集权较多

11. 税收收入划分的国际惯例是把税基流动性大的税种划归中央，如(　　)。
    A. 公司所得税　　　　　　　　B. 个人所得税
    C. 增值税　　　　　　　　　　D. 房产税

12. 根据中央与地方政府事权划分，下列应由中央财政承担的支出有(　　)。
    A. 国防支出　　　　　　　　　B. 中央行政管理费
    C. 外交支出　　　　　　　　　D. 地方行政管理费

13. 下列属于中央与地方共享收入的税种有(　　)。
    A. 消费税　　　　　　　　　　B. 增值税
    C. 关税　　　　　　　　　　　D. 企业所得税

14. 按现行体制，政府间转移支付制度主要包括(　　)。
    A. 税收返还　　　　　　　　　B. 体制补助和体制上解
    C. 中央对地方的专项拨款　　　D. 转移支付办法

15. 属于地方固定收入的有(　　)。
    A. 增值税　　　　　　　　　　B. 个人所得税
    C. 房产税　　　　　　　　　　D. 车船税

16. 下列属于一般性转移支付内容的有(　　)。
    A. 均衡性转移支付　　　　　　B. 产粮大县奖励资金
    C. 城乡义务教育补助经费　　　D. 农村综合改革转移支付

17. 划分政府间支出责任应遵循的原则有(　　)。
    A. 适应性原则　　　　　　　　B. 法制性原则
    C. 效率原则　　　　　　　　　D. 服从原则

18. 政府间转移支付的特征有(　　)。
    A. 范围只限于政府之间　　　　B. 转移支付是无偿的支出
    C. 转移支付是政府终极支出　　D. 转移支付并非政府终极支出

19. 转移支付系数的困难程度系数计算依据有(　　)。
    A. 标准财政收支缺口占标准财政支出比重
    B. 标准财政收支缺口占标准财政收入比重
    C. 一般预算收入占一般预算支出比重
    D. 一般预算支出占一般预算收入比重

20. 一般性转移支付又称为(　　)。
    A. 有条件转移支付　　　　B. 无条件转移支付
    C. 一般补助　　　　　　　D. 一般均等化补助

五、名词解释

1. 财政管理体制

2. 预算收支划分

3. 分税制体制

4. 预算管理权责

5. 财政纵向失衡

6. 政府间转移支付

7. 一般性转移支付

8. 专项转移支付

9. 预算组织体系

10. 分级预算

六、简答题

1. 简述分税制体制的构成要素。

2. 简述政府间转移支付的形式。

3. 简述政府预算管理职权的内容。

4. 简述政府间支出责任划分的一般原则。

七、论述题

1. 试论税收收入划分的一般方法。

2. 试论我国政府间转移支付制度的完善。

八、综合分析题

2016年8月,国务院发布《关于推进中央与地方财政事权和支出责任划分改革的指导意见》。这是国务院第一次比较系统地提出从事权和支出责任划分即政府公共权力纵向配置角度推进财政体制改革的重要文件。请根据你所掌握的资料,综合分析我国的分税制财政体制应该如何进一步完善。

第六章

金 融 导 论

一、填空题

1. "金融"一词在我国的逐步定型是_____。
2. 货币、信用、金融机构等产生和发展的基础是_____。
3. 货币银行学属专业金融,包括_____、_____、_____、金融政策、国际金融等。
4. 金融就是货币资金的融通,融通的对象是_____,融通的方式是_____。
5. 在金融范畴中,最早出现的是_____。
6. 货币产生的内在原因是商品的内在矛盾运动即价值与使用价值、具体劳动与抽象劳动、_____与_____矛盾运动的结果。
7. 货币价值形式是指一般等价物固定地由某一种特殊商品来充当,并取得了_____。
8. 自从货币产生以后,整个商品世界就被固定地划分为两极,一端是_____,另一端是_____。
9. 货币执行价值尺度的职能是通过把商品的价值表现为_____来实现的。
10. 货币的流通手段职能是直接的物物交换转化为以_____为媒介的商品交换。
11. 货币执行贮藏手段职能的两个特征是,一为_____,二为_____。
12. 世界上最早实行金本位制的国家是_____。
13. 货币作为价值的独立形态进行单方面转移的职能是_____。
14. 我国的货币制度是_____,法定货币是_____。
15. 信用最基本的特征是_____。
16. 利率与_____是同方向运动。
17. 中央银行运用_____改变货币供给量。
18. 利息是借贷资金的_____或_____,利息的本质取决于_____。

19. 商业信用的债权人和债务人都是_____。
20. 商业信用的客体是_____。

二、判断题

1. 钱、货币、通货、现金都是一回事。（   ）
2. 与货币起源不可分的是贫富分化。（   ）
3. 货币执行价值尺度职能是现实的货币，而不是想象中的货币。（   ）
4. 价值是价格的基础，价值是内在的，价格是外化的。（   ）
5. 通货是指流通中的纸币和辅币，是货币的全部。（   ）
6. 执行贮藏手段职能的货币，是流通中货币的一个构成部分。（   ）
7. 同一货币可以交替地执行货币的多种职能。（   ）
8. 货币制度属于国家主权范畴，并具有科学性。（   ）
9. 在金属货币制度下，货币金属是整个货币制度的基础。（   ）
10. 只有执行流通手段和支付手段职能的货币，才是流通中的货币。（   ）
11. 世界上大多数国家的黄金储备都集中于中央银行或国库。（   ）
12. 没有货币就不能购买商品，所以，货币流通决定商品流通。（   ）
13. 货币的本质决定货币的职能，货币职能是货币本质的具体表现。（   ）
14. 信用产生于商品流通，但并非局限于商品流通。（   ）
15. 银行信用与产业资本的动态完全一致。（   ）
16. 银行信用的客体是货币资本。（   ）
17. 国际信用的本质是资本输出。（   ）
18. 信用直接分配的对象是商品。（   ）
19. 中国的传统习惯，年率、月率、日率都用"厘"作单位，"厘"指的是1%。
（   ）
20. 价格标准是各种商品在质上同一，在量上可以比较的共同基础。（   ）

三、单项选择题

1. 在金融范畴的形成中，最早产生的是（   ）。
   A. 信用   B. 金融机构
   C. 利率   D. 货币
2. 货币单位是指（   ）。
   A. 价值   B. 价值尺度
   C. 价格   D. 价格标准

3. 纸币产生于货币的（　　）。
   A. 贮藏手段职能　　　　　　　　　B. 支付手段职能
   C. 流通手段职能　　　　　　　　　D. 价值尺度职能
4. 实物货币发展最充分、最完善的方式是（　　）。
   A. 金属货币　　　　　　　　　　　B. 非金属货币
   C. 黄金货币　　　　　　　　　　　D. 白银货币
5. 现今社会，货币主要表现为（　　）。
   A. 收入　　　　　　　　　　　　　B. 信用卡
   C. 支票　　　　　　　　　　　　　D. 银行存款
6. 在金属货币制度下，构成一国货币制度基础的是（　　）。
   A. 确定货币单位　　　　　　　　　B. 确定货币名称
   C. 确定货币金属　　　　　　　　　D. 确定主币、辅币
7. 在信用货币制度下，一般货币流通调控主体是（　　）。
   A. 国家机构　　　　　　　　　　　B. 中央银行
   C. 政府　　　　　　　　　　　　　D. 各级政府
8. 历史上最早产生的货币制度是（　　）。
   A. 银本位制　　　　　　　　　　　B. 金币本位制
   C. 金银复本位制　　　　　　　　　D. 金块本位制
9. 被称为"生金本位制"的货币制度是（　　）。
   A. 金汇兑本位制　　　　　　　　　B. 金块本位制
   C. 金本位制　　　　　　　　　　　D. 金银复本位制
10. 复本位制向金本位制过渡的货币制度是（　　）。
    A. 平行本位制　　　　　　　　　　B. 跛行本位制
    C. 双本位制　　　　　　　　　　　D. 银本位制
11. 只有在（　　）社会，才有货币流通。
    A. 商品经济　　　　　　　　　　　B. 产品经济
    C. 市场经济　　　　　　　　　　　D. 自然经济
12. 货币首要的职能是（　　）。
    A. 支付手段　　　　　　　　　　　B. 流通手段
    C. 贮藏手段　　　　　　　　　　　D. 价值尺度
13. 商品生产者之间相互提供的、与商品交易直接联系的信用是（　　）。
    A. 银行信用　　　　　　　　　　　B. 消费信用
    C. 商业信用　　　　　　　　　　　D. 国家信用
14. 下列属于间接信用形式的有（　　）。
    A. 股票发行　　　　　　　　　　　B. 债券发行

C. 商业信用　　　　　　　　　D. 银行信用

15. 在下列信用形式中，风险最低的信用是（　　）。
    A. 商业信用　　　　　　　　B. 银行信用
    C. 消费信用　　　　　　　　D. 国家信用

16. 货币最后发展起来的一个职能是（　　）。
    A. 价值尺度　　　　　　　　B. 流通手段
    C. 支付手段　　　　　　　　D. 世界货币

17. 信用在社会再生产过程中处于（　　）环节。
    A. 生产　　　　　　　　　　B. 分配
    C. 交换　　　　　　　　　　D. 消费

18. 我国的主体信用形式是（　　）。
    A. 商业信用　　　　　　　　B. 国家信用
    C. 银行信用　　　　　　　　D. 消费信用

19. 与货币的起源密不可分的是（　　）。
    A. 私有制　　　　　　　　　B. 社会分工
    C. 贫富分化　　　　　　　　D. 商品交换

20. 货币支付手段职能最初是导源于（　　）。
    A. 支付工资　　　　　　　　B. 商品赊销
    C. 吸收存款　　　　　　　　D. 发放贷款

四、多项选择题

1. 金融涉及的范畴有（　　）。
   A. 货币　　　　　　　　　　B. 信用
   C. 银行　　　　　　　　　　D. 财政

2. 作为执行流通手段职能的货币可以是（　　）。
   A. 现实的货币　　　　　　　B. 观念的货币
   C. 价值符号　　　　　　　　D. 足值货币

3. 下列属于货币制度的有（　　）。
   A. 银本位制　　　　　　　　B. 铁本位制
   C. 金本位制　　　　　　　　D. 金银复本位制

4. 下列属于金本位制的有（　　）。
   A. 金币本位制　　　　　　　B. 金块本位制
   C. 金汇兑本位制　　　　　　D. 金银复本位制

5. 货币制度从其性质看（　　）。

A. 属于国家主权 B. 属于经济基础
C. 具有内在科学性 D. 具有主观性

6. 本位币在金属货币流通条件下的特点是（　　）。
   A. 足值货币 B. 可以自由铸造
   C. 由国家统一铸造 D. 具有无限法偿能力

7. 下列属于金银复本位币货币制度的有（　　）。
   A. 金块本位制 B. 平行本位制
   C. 双本位制 D. 跛行本位制

8. 下面哪些属于历史上很不稳定的金属货币制度（　　）。
   A. 金块复本位制 B. 铸币本位制
   C. 金块本位制 D. 金汇兑本位制

9. 一国流通中的货币量包括执行（　　）职能的货币量。
   A. 价值尺度 B. 流通手段
   C. 支付手段 D. 贮藏手段和世界货币

10. 货币执行支付手段职能，发生在社会再生产的（　　）环节。
    A. 生产 B. 交换
    C. 分配 D. 消费

11. 利率的决定因素有（　　）。
    A. 平均利率 B. 借贷市场中资金供求状况
    C. 物价水平 D. 国际利率水平

12. 利率按在利率体系中的地位和作用可分为（　　）。
    A. 基准利率 B. 非基准利率
    C. 固定利率 D. 浮动利率

13. 属于物物直接交换的价值形式包括（　　）。
    A. 一般价值形式 B. 货币价值形式
    C. 简单价值形式 D. 扩大的价值形式

14. 下列属于货币发挥支付手段职能的有（　　）。
    A. 清偿债务 B. 购买汽车
    C. 支付工资 D. 购买商品

15. 下列属于金融活动的有（　　）。
    A. 货币资金支付 B. 货币资金的借贷
    C. 票据的买卖 D. 外汇的买卖

16. 下列属于国家信用的货币工具的有（　　）。
    A. 支票 B. 股票
    C. 公债 D. 国库券

17. 我国的人民币属于（　　　）。
    A. 支票 B. 银行券
    C. 货币 D. 信用货币
18. 货币价值形式演变经历了哪几个阶段（　　　）。
    A. 简单的偶然的价值形式 B. 总和的扩大价值形式
    C. 一般的价值形式 D. 货币价值形式
19. 按确定利率的主体来划分，利率可分为（　　　）。
    A. 市场利率 B. 官定利率
    C. 准备利率 D. 公定利率
20. 信用形式有（　　　）。
    A. 银行信用 B. 商业信用
    C. 国家信用 D. 消费信用

五、名词解释

1. 金融

2. 货币

3. 信用

4. 价值尺度

5. 货币制度

6. 格雷欣法则

7. 商业信用

8. 银行信用

9. 基准利率

10. 市场利率

六、简答题

1. 简述我国人民币制度的主要内容。

2. 简述确定利率水平主要考虑的因素。

3. 简述信用的主要形式。

4. 简述我国如何更好地发展消费信用。

七、论述题

1. 试论信用在我国社会经济发展中的作用。

2. 试论我国利率市场化问题。

八、综合分析题

近些年来，我国的利率市场化进程步伐加快，但还没有实现真正意义上的利率市场化。请根据你所掌握的资料，综合分析进一步推进我国利率市场化的主要思路。

第七章

金　融　机　构

一、填空题

1. 按照金融机构的性质不同，可把金融机构分为_____和_____。
2. 按照金融机构从事活动的目的不同，可把金融机构分为_____和_____。
3. 我国商业银行大致可分为国有商业银行、_____和_____三种类型。
4. 证券机构主要包括_____、_____和证券登记结算公司等。
5. 1994 年，我国政府相继组建了三家政策性银行，它们分别是_____、_____和_____。
6. 商业银行的基本业务活动由_____、_____和其他业务组成。
7. 商业银行的经营原则是_____、_____和_____。
8. 保险公司的主要经营活动包括_____、_____和_____等方面的保险与再保险业务。
9. 我国第一家信托投资公司是 1979 年成立的_____。
10. 2003 年，我国形成了以"一行三会"为基本格局的金融监管体系，其中"一行三会"是指_____、_____、_____、_____。
11. 1981 年 2 月，中国第一家租赁公司——_____成立，标志着现代租赁业在中国的举起。
12. 从中央银行产生和发展的历史看，_____是其最先具有的职能，也是它区别于普通商业银行的根本标志。
13. 中央银行是"银行的银行"。它集中保管_____，充当商业银行的_____，同时还充当全国金融机构的资金结算中心。
14. 中央银行的中间业务是指中央银行为商业银行和其他金融机构办理_____和资金转移的业务。

15. 中央银行独立性的衡量标准包括＿＿＿＿、＿＿＿＿、＿＿＿＿的独立性。

16. ＿＿＿＿是商业银行最基本的职能。

17. ＿＿＿＿是指商业银行将其已贴现的未到期商业汇票向同城或异地的另一家商业银行进行贴现的资金融通行为。

18. 商业银行的担保贷款根据担保方式不同可分为＿＿＿＿、＿＿＿＿和质押贷款。

19. 按发放贷款的风险程度，贷款分为正常、＿＿＿＿、次级、＿＿＿＿、损失五大类。

20. 巴塞尔委员会将商业银行狭义的表外业务分为四类：一是＿＿＿＿；二是＿＿＿＿；三是金融衍生工具；四是投资银行业务。

二、判断题

1. 证券交易所是会员制的、非营利性的、为证券集中和交易提供场所的事业法人。（   ）

2. 独占货币发行权是中央银行区别于普通商业银行的根本标志。（   ）

3. 居民储蓄存款在商业银行存款负债中所占比重最大。（   ）

4. 除国务院外，任何单位和个人无权决定停息、减息、缓息和免息。（   ）

5. 《商业银行法》规定，商业银行可投资于政府债券，也可投资于公司债券与股票。（   ）

6. 政策性银行一般也具备信用创造和增加货币供给的功能。（   ）

7. 政策性银行是政府设立，以营利为目的，为贯彻政府的社会经济政策而从事金融活动的金融机构。（   ）

8. 质押贷款与抵押贷款一样，其质物都由借款人（债务人）自行保管。（   ）

9. 短期贷款指贷款期限在 1 年以上 10 年（含 10 年）以下的贷款。（   ）

10. 我国三家政策性银行成立之初的注册资本金全部由政府财政拨付。（   ）

11. 贴现是指商业银行应客户的要求，以买进客户持有的未到期票据的方式向客户发放贷款。可见，票据贴现的实质是商业银行办理以票据作担保的贷款。（   ）

12. 商业银行的流动性风险是指借款方不能按时归还贷款本息而使贷款方遭受损失的可能性。（   ）

13. 目前，我国的国有商业银行已全部改制成为国有控股商业银行。（   ）

14. 根据我国现阶段金融机构分业经营、分业管理的原则，信托投资公司可以与银行业和证券业混业经营和管理。（   ）

15. 我国对金融业的监管一直采取混业管理的模式。（   ）

16. 尽管各国金融机构体系的构成各有特点，但是银行是各国金融机构体系的主体。（   ）

17. 商业银行的负债业务，指形成商业银行资金来源的业务，是商业银行资产业务和中间业务的基础。（   ）

18. 商业银行的信用贷款指以借款人或第三人的动产或权利作为质物而发放的贷款。（   ）

19. 支付中介是商业银行最基本的职能。（   ）

20. 商业银行的投资业务是指商业银行以其资金购买有价证券的一种资产业务。（   ）

三、单项选择题

1. 我国金融机构体系的核心是（   ）。
   A. 中央银行　　　　　　　　　　B. 商业银行
   C. 专业银行　　　　　　　　　　D. 外资银行

2. 我国的中央银行是（   ）。
   A. 中国人民银行　　　　　　　　B. 中国建设银行
   C. 中国工商银行　　　　　　　　D. 中国农业银行

3. 以第三人承诺在借款人不能偿还贷款时，按约定承担一定保证责任或连带责任而发放的贷款是（   ）。
   A. 质押贷款　　　　　　　　　　B. 信用贷款
   C. 抵押贷款　　　　　　　　　　D. 保证贷款

4. 不需运用自己的资金代理客户承办支付和其他委托事项，并据以收取手续费的业务，是指商业银行的（   ）业务。
   A. 资产　　　　　　　　　　　　B. 负债
   C. 中间　　　　　　　　　　　　D. 表外

5. 把金融机构分为存款性金融机构和非存款性金融机构的依据是（   ）。
   A. 是否吸收公众存款　　　　　　B. 是否营利
   C. 是否有融资机制　　　　　　　D. 是否设立机构

6. 专门从事证券发行和交易的非银行金融机构是（   ）。
   A. 证券公司　　　　　　　　　　B. 信托公司
   C. 证券交易所　　　　　　　　　D. 证券登记结算公司

7. 中央银行区别于普通商业银行的根本标志是（   ）。
   A. 代理国家金库　　　　　　　　B. 保管国家黄金外汇储备
   C. 代表政府处理国际金融事务　　D. 独占货币发行权

8. 为证券买卖双方提供股票过户、资金清算服务的证券机构是（   ）。
   A. 证券公司　　　　　　　　　　B. 信托公司

C. 证券交易所　　　　　　　　D. 证券登记结算公司
9. 以收取动产或不动产作为抵押，对押当人进行融资的金融机构是（　　）。
　　A. 租赁公司　　　　　　　　　B. 资产管理公司
　　C. 典当行　　　　　　　　　　D. 信用担保公司
10. 商业银行最基本的职能是（　　）。
　　A. 信用中介职能　　　　　　　B. 支付中介职能
　　C. 信用创造职能　　　　　　　D. 金融服务职能
11. 贷款人以合法方式筹集的资金自主发放的贷款，其风险由贷款人承担，并由贷款人收回本金和利息的贷款是（　　）。
　　A. 委托贷款　　　　　　　　　B. 自营贷款
　　C. 特定贷款　　　　　　　　　D. 担保贷款
12. 我国商业银行存款负债中所占比重最大的是（　　）。
　　A. 政府财政存款　　　　　　　B. 企业存款
　　C. 居民储蓄存款　　　　　　　D. 外币存款
13. 我国金融机构体系的主体是（　　）。
　　A. 中央银行　　　　　　　　　B. 政策性银行
　　C. 商业银行　　　　　　　　　D. 外资银行
14. 1987 年 9 月，我国成立的第一家证券公司是（　　）。
　　A. 上海证券公司　　　　　　　B. 深圳证券公司
　　C. 北京证券公司　　　　　　　D. 广州证券公司
15. 为证券集中和交易提供场所的是（　　）。
　　A. 证券公司　　　　　　　　　B. 证券商
　　C. 证券交易所　　　　　　　　D. 证券登记结算公司
16. 金融机构体系的主体是（　　）。
　　A. 保险　　　　　　　　　　　B. 信托
　　C. 银行　　　　　　　　　　　D. 证券
17. 下列属于中央银行负债业务的是（　　）。
　　A. 再贴现　　　　　　　　　　B. 公开市场操作
　　C. 黄金储备　　　　　　　　　D. 货币发行
18. 商业银行相互之间的短期的或临时性的融资活动是（　　）。
　　A. 同业拆借　　　　　　　　　B. 回购协作
　　C. 发行债券　　　　　　　　　D. 票据贴现
19. 把贷款分为信用贷款和担保贷款的标准是（　　）。
　　A. 期限长短　　　　　　　　　B. 风险程度
　　C. 有无担保　　　　　　　　　D. 有无信用

20. 1998 年 11 月成立的我国金融监管机构是（　　）。
    A. 中国证监会　　　　　　　　B. 中国保监会
    C. 中国银监会　　　　　　　　D. 中国人民银行

四、多项选择题

1. 中央银行的业务包括（　　）。
   A. 负债业务　　　　　　　　　B. 资产业务
   C. 中间业务　　　　　　　　　D. 表外业务
2. 下列属于我国商业银行的有（　　）。
   A. 中国工商银行　　　　　　　B. 中国建设银行
   C. 交通银行　　　　　　　　　D. 中国银行
3. 商业银行的资产业务主要有（　　）。
   A. 贷款　　　　　　　　　　　B. 贴现
   C. 投资　　　　　　　　　　　D. 转账结算
4. 中央银行的负债业务主要包括（　　）。
   A. 货币发行业务　　　　　　　B. 财政性存款
   C. 金融机构存款　　　　　　　D. 再贴现业务
5. 中央银行作为"国家的银行",具体体现在（　　）。
   A. 代理国家金库　　　　　　　B. 保管国家黄金外汇储备
   C. 集中保管存款准备金　　　　D. 代表政府处理国际金融事务
6. 政策性银行的资产业务有（　　）。
   A. 贷款　　　　　　　　　　　B. 投资
   C. 担保　　　　　　　　　　　D. 发债
7. 商业银行是特殊企业表现在（　　）。
   A. 经营对象　　　　　　　　　B. 经营目的
   C. 社会责任　　　　　　　　　D. 对整个经济的影响范围
8. 商业银行的借款业务有（　　）。
   A. 向中央银行借款　　　　　　B. 银行同业拆借
   C. 回购协议　　　　　　　　　D. 发行金融债券
9. 中央银行是"银行的银行"体现在（　　）。
   A. 集中保管存款准备金　　　　B. 充当商业银行的最后贷款人
   C. 代理国家金库　　　　　　　D. 充当全国金融机构的资金结算中心
10. 下列属于商业银行中间业务的有（　　）。
    A. 信托业务　　　　　　　　　B. 租赁业务

C. 汇兑业务　　　　　　　　　　D. 信用卡业务

11. 按所放贷款的风险程度，称为"不良贷款"的有（　　　）。
    A. 损失　　　　　　　　　　　B. 次级
    C. 关注　　　　　　　　　　　D. 可疑

12. 商业银行向中央银行借款的方式主要有（　　　）。
    A. 再贴现　　　　　　　　　　B. 再贷款
    C. 再投资　　　　　　　　　　D. 再借款

13. 商业银行的职能有（　　　）。
    A. 信用中介　　　　　　　　　B. 支付中介
    C. 信用创造　　　　　　　　　D. 金融服务

14. 中央银行的资产业务有（　　　）。
    A. 再贴现业务　　　　　　　　B. 货币发行业务
    C. 证券买卖业务　　　　　　　D. 国际储备业务

15. 商业银行的负债业务有（　　　）。
    A. 资本金　　　　　　　　　　B. 吸收存款
    C. 借款业务　　　　　　　　　D. 发行金融债券

16. 按商业银行发放贷款的风险程度，贷款可分为（　　　）。
    A. 正常贷款　　　　　　　　　B. 关注贷款
    C. 次级贷款　　　　　　　　　D. 可疑贷款

17. 商业银行的风险有（　　　）。
    A. 信用风险　　　　　　　　　B. 利率风险
    C. 流动性风险　　　　　　　　D. 市场风险

18. 商业银行的经营原则有（　　　）。
    A. 安全性　　　　　　　　　　B. 流动性
    C. 非营利性　　　　　　　　　D. 营利性

19. 金融监管体制的类型有（　　　）。
    A. 混业监管　　　　　　　　　B. 分业监管
    C. 自我监管　　　　　　　　　D. 独立监管

20. 我国的金融监管机构有（　　　）。
    A. 中国证监会　　　　　　　　B. 中国保监会
    C. 中国银监会　　　　　　　　D. 中国人民银行

五、名词解释

1. 金融机构

2. 中央银行

3. 商业银行

4. 负债业务

5. 资产业务

6. 再贴现

7. 抵押贷款

8. 保险

9. 信托

10. 租赁

六、简答题

1. 简述中央银行的性质与职能。

2. 简述我国政策性银行的改革。

3. 简述我国商业银行的主要业务。

4. 我国的金融机构应如何更好地为中小企业服务?

七、论述题

1. 试论我国金融机构体系的构成。

2. 试论我国商业银行的改革。

八、综合分析题

请根据你所掌握的资料,综合分析我国如何更好地处理金融监管与金融创新的关系。

第八章

金 融 市 场

一、填空题

1. 金融市场具有_____、_____、宏观调控等功能。
2. 按交易活动是否有具体场所，金融市场可分为_____和_____。
3. 金融市场按融资期限可划分为_____和_____。
4. 商业票据是指在商业信用发生时记载由其产生的债权债务关系的凭证。商业票据主要有_____和_____两种。
5. 债券是指社会各类经济主体为筹措资金发行的定期支付本息的债权债务凭证。按其发行主体不同，可划分为_____、_____和_____三种。
6. 投资基金具有由专家进行管理、规模经营、_____、_____和满足投资者不同需求等特点。
7. 按赋予股东的权利不同，股票可划分为_____和_____。
8. 支票有普通支票、_____和_____三种。
9. 金融期货作为期货交易的一种，具有期货交易的一般特点，即交易对象标准化、交易单位规范化、_____、_____、交易市场集中化和信用风险最小化。
10. 按有无中介机构参与，股票发行可分为_____和_____两种方式。
11. 股票交易的理论价格与股票的_____收益呈正比，与市场利率呈反比。
12. 衡量债券收益率的指标有票面收益率、_____和_____。
13. 证券投资基金的设立有两种基本方式，即_____和_____。
14. 外汇市场的交易可以分为三个层次的交易，即_____，银行同业之间，银行与中央银行之间的交易。
15. _____是标准金条的简称，是黄金投资的基础工具，是按照统一标准而浇铸成条块状黄金的简称。

第八章 金融市场

16. 金融市场的交易方式主要有_____、_____、期权交易和信用交易等。
17. 银行票据是由_____签发或由银行承担付款义务的书面凭证，有_____和_____和支票三种。
18. 金融期权是指在未来一定时间以协议价格买卖特定金融工具的权利的合约。场内交易的金融期权主要包括_____、利率期权、_____。
19. 货币市场主要由_____、_____、_____、回购协议等子市场组成。
20. _____是指个人或企业将所持有的未到期票据转让给商业银行或其他贴现机构以进行短期资金融通的行为。_____是指商业银行将贴现收进的未到期票据向其他商业银行或贴现机构进行贴现的融资行为。

二、判断题

1. 同业拆借市场是指金融机构之间以货币借贷方式相互融通短期资金的资金融通活动。（　　）
2. 商业票据是指在商业信用发生时记载由其产生的债权债务关系的凭证。（　　）
3. 按交割方式，金融市场可分为有形市场和无形市场。（　　）
4. 按记名与否，可把我国发行的股票划分为 A 股、B 股、H 股等。（　　）
5. 原生金融工具即基础金融工具。（　　）
6. 企业发行债券不能全凭企业良好的资信度发行。（　　）
7. 投资基金是一种利益共享、风险共担的集合投资制度。（　　）
8. 外汇市场又称为"外汇批发市场"，它既包括银行同业间的外汇市场，也包括银行与一般客户之间的外汇交易。（　　）
9. 银行间的外汇交易总额占外汇市场交易总额的绝大部分。（　　）
10. 银行与客户之间的外汇交易往往在银行柜台上进行，又被称为"批发市场"。（　　）
11. 支票包括转账支票和现金支票两种。（　　）
12. 因企业债券的风险比政府债券要小，故利率也较高。（　　）
13. 金融期权可以执行，不能放弃。（　　）
14. 金融远期与金融期货相似，都是标准化合约。（　　）
15. 同业拆借市场的利率由双方协商确定，随行就市，通常低于中央银行的再贴现率。（　　）
16. 按股票赋予的股东权利不同，可分为普通股票和优先股股票。（　　）
17. 普通支票只能支取现金，不可以转账。（　　）
18. 票据贴现市场是指对未到期的票据进行贴现，为客户提供短期资金融通的市场，办理贴现业务的机构只有商业银行。（　　）

19. 股票的间接发行是指发行人直接向投资者出售股票。（   ）
20. 证券投资基金按基金的组织形式，可分为封闭式基金和开放式基金。（   ）

三、单项选择题

1. 把基金划分为封闭型基金和开放型基金的依据是（   ）。
   A. 基金份额是否变动　　　　　　　B. 组织形态是否变动
   C. 投资目标是否变动　　　　　　　D. 资金来源是否变动
2. 以短期金融工具为媒介而进行的一年期以内的资金交易活动属于（   ）。
   A. 资本市场　　　　　　　　　　　B. 外汇市场
   C. 货币市场　　　　　　　　　　　D. 黄金市场
3. 股票市场的起点和股票交易的基础是（   ）。
   A. 股票流通　　　　　　　　　　　B. 股票交易
   C. 股票发行　　　　　　　　　　　D. 股票价格
4. 外汇市场上首要的参与者是（   ）。
   A. 外汇银行　　　　　　　　　　　B. 外汇经纪人
   C. 中央银行　　　　　　　　　　　D. 顾客
5. 由银行签发或由银行承担付款义务的书面凭证是（   ）。
   A. 商业票据　　　　　　　　　　　B. 支票
   C. 银行票据　　　　　　　　　　　D. 股票
6. 交易双方以约定的时间和价格买卖某种金融工具的具有约束力的标准化合约是（   ）。
   A. 金融期权　　　　　　　　　　　B. 金融期货
   C. 金融远期　　　　　　　　　　　D. 金融互换
7. 金融市场交易的客体是（   ）。
   A. 票据　　　　　　　　　　　　　B. 货币资金
   C. 证券所　　　　　　　　　　　　D. 利率
8. 把金融市场分为有形市场和无形市场的依据是（   ）。
   A. 交易期限　　　　　　　　　　　B. 交易场所
   C. 交易数量　　　　　　　　　　　D. 交易对象
9. 由银行签发的借以办理转账结算或支取现金的票据是（   ）。
   A. 商业期票　　　　　　　　　　　B. 商业汇票
   C. 银行本票　　　　　　　　　　　D. 银行汇票
10. 由债权人开出，命令债务人在一定时期内把一定金额的款项支付给持票人或第三者的命令书是（   ）。

A. 商业期票 B. 商业汇票
C. 银行本票 D. 银行汇票

11. 由出票人签发的委托自己的开户银行从其账户支付给持票人或指定人的付款命令书是（　　）。
A. 支票 B. 股票
C. 钞票 D. 债券

12. 把投资基金分为公司型基金和契约型基金的依据是（　　）。
A. 交易方式 B. 资金来源
C. 组织形态 D. 投资风险

13. 交易双方约定在将来某一时期按照事先商定的价格和确定的方式买卖某种金融资产的合约是（　　）。
A. 金融远期 B. 金融期货
C. 金融期权 D. 金融互换

14. 两个或两个以上的当事人按共同商定的条件，在约定的时间内交换一系列支付款项的合约是（　　）。
A. 金融远期 B. 金融期货
C. 金融期权 D. 金融互换

15. 商业银行将其贴现收进的未到期票据向中央银行再办理贴现的融资行为称为（　　）。
A. 贴现 B. 再贴现
C. 转贴现 D. 承兑

16. 资金余缺双方通过签订证券回购协议融通资金的市场是（　　）。
A. 同业拆借市场 B. 票据市场
C. 回购协议市场 D. 大额可转让定期存单市场

17. 证券交易双方在证券成交以后的某一约定时间，按协议规定的价格、数量进行交割的证券交易方式是（　　）。
A. 现货交易 B. 期货交易
C. 期权交易 D. 信用交易

18. 股票买方或卖方通过交付保证金以获得经纪人借款或股票的交易是（　　）。
A. 现货交易 B. 期货交易
C. 期权交易 D. 信用交易

19. 股票交易的理论价格是（　　）。
A. 股票预期收益＋市场利息率 B. 股票预期收益－市场利息率
C. 股票预期收益×市场利息率 D. 股票预期收益÷市场利息率

20. 世界各国通常采用的债券发行方式是（　　）。

A. 私募间接发行 B. 私募直接发行
C. 公募间接发行 D. 公募直接发行

四、多项选择题

1. 广义的金融市场包括（   ）。
   A. 货币市场 B. 资本市场
   C. 外汇市场 D. 黄金市场
2. 金融市场的功能体现在（   ）等方面。
   A. 融通资金 B. 浪费资金
   C. 降低风险 D. 宏观调控
3. 衍生工具是从原生工具派生出来的金融工具，主要有（   ）。
   A. 金融远期 B. 金融期货
   C. 金融期权 D. 金融即期
4. 金融市场的组织形式主要有（   ）。
   A. 交易所交易 B. 柜台交易
   C. 现货交易 D. 期货交易
5. 金融市场的交易方式主要有（   ）。
   A. 现货交易 B. 期货交易
   C. 期权交易 D. 信用交易
6. 直接金融工具包括（   ）。
   A. 商业票据 B. 股票
   C. 政府债券 D. 企业债券
7. 间接金融工具包括（   ）。
   A. 保险单 B. 存款单
   C. 银行票据 D. 金融债券
8. 下列属于原生金融工具的是（   ）。
   A. 商业票据 B. 银行票据
   C. 债券 D. 股票
9. 场内交易的金融期权主要有（   ）。
   A. 股票期权 B. 外汇期权
   C. 利率期权 D. 股票指数期权
10. 下列金融市场属于货币市场的有（   ）。
    A. 同业拆借市场 B. 票据市场
    C. 大额定期存单市场 D. 短期债券市场

第八章 金融市场

11. 票据市场按交易方式来划分，包括（   ）。
    A. 票据发行市场   B. 票据承兑市场
    C. 票据贴现市场   D. 商业票据市场

12. 债券的发行价格有三种可能，即（   ）。
    A. 升水发行   B. 面额发行
    C. 贴水发行   D. 时价发行

13. 目前，在国际黄金市场上比较常见的黄金投资工具主要有（   ）。
    A. 标金   B. 金币
    C. 黄金账户   D. 纸黄金

14. 金融市场的交易主体有（   ）。
    A. 政府机构   B. 企业
    C. 金融机构   D. 个人

15. 股票的交易方式有（   ）。
    A. 现货交易   B. 期货交易
    C. 期权交易   D. 信用交易

16. 按股票赋予股东的权利不同，可把股票划分为（   ）。
    A. 普通股股票   B. 优先股股票
    C. 有面额股票   D. 无面额股票

17. 按发行主体不同，可把债券划分为（   ）。
    A. 政府债券   B. 金融债券
    C. 企业债券   D. 个人债券

18. 把我国发行的股票划分为A股、B股、H股和N股的依据是（   ）。
    A. 股东权利   B. 是否记名
    C. 发行地点   D. 交易币种

19. 下列属于金融期货的有（   ）。
    A. 股票期货   B. 外汇期货
    C. 利率期货   D. 股价指数期货

20. 与其他存款相比，大额存单的特点有（   ）。
    A. 期限短   B. 面额固定
    C. 利率较高   D. 不能转让

五、名词解释

1. 金融市场

2. 货币市场

3. 资本市场

4. 商业汇票

5. 再贴现

6. 投资基金

7. 股票

8. 金融期货

9. 银行票据

10. 股票价格指数

六、简答题

1. 简述证券投资基金的特点。

2. 简述股票和债券的区别。

3. 简述货币市场的特点。

4. 简述应如何完善我国的黄金市场。

七、论述题

1. 试论述金融市场的构成要素。

2. 试论资本市场的进一步完善。

八、综合分析题

市场经济越发展,越需要完善的金融市场。我国的金融市场特别是证券市场近些年有了较大的发展,但目前的金融市场还存在一些问题。请根据你所掌握的资料,综合分析我国的金融市场如何更好地促进市场经济的发展。

第九章

货 币 供 求

一、填空题

1. 国际货币基金组织对货币层次的划分中，M_1 = _____ + _____ + 其他活期存款。
2. 现代银行体系是二级银行体制，整个银行系统分为_____和_____两个层次。
3. 货币需求是对_____货币和_____货币的共同需求，是货币的_____需求与_____需求的综合。
4. 马克思认为流通中的货币需要量与_____和_____成正比，与货币流通速度成反比。
5. 货币均衡不仅指货币供求_____的均衡，而且包括货币供求_____的均衡。
6. 按照表现形式，可将通货膨胀分为_____通货膨胀和_____通货膨胀两种类型。
7. 按通货膨胀的原因种类分类，可将通货膨胀分为_____型通货膨胀、_____型通货膨胀、_____型通货膨胀和_____型通货膨胀四种类型。
8. M_0 的变化主要影响并反映了我国_____的变化。
9. 当预期实际利率进一步降低和经济走势不佳时，消费和投资会出现有效需求不足，导致物价下跌，形成_____。
10. _____存款和_____存款共同构成了商业银行的活期存款总额。
11. _____与_____之比称为现金漏损率。
12. 凯恩斯提出的货币需求理论最显著的特点是注重对_____的各种动机的分析。
13. 一般来说，收入与货币需求呈_____变动关系，利率与货币需求量是呈_____变动关系，货币流通速度与货币总需求呈_____变动关系。
14. _____是实现社会总供求平衡的前提条件，而_____是货币均衡的现象形态。

15. 货币均衡的实现条件有利率、发达的金融市场、中央银行对货币供求的调控。此外，财政收支是否平衡、_____是否平衡、_____是否合理也是影响货币均衡的重要因素。

16. 同时满足两个条件才能形成货币需求：一是_____，二是_____。

17. 不管是货币需求的理论分析，还是货币需求的实践研究，核心内容都是考察_____的经济因素。

18. 西方经济学界主流的观点，把通货紧缩定义为_____，或是指一般价格水平持续下降。非主流的观点则认为，通货紧缩不只是一般价格水平持续下降，还包括货币数量减少以及_____。

19. 通货紧缩对经济发展具有一定积极影响，但另一方面，它导致市场银根趋紧，造成_____、_____和银行惜贷，负面效应很大。

20. _____是指一定时期内货币的转手次数。

二、判断题

1. 世界各国对货币层次的划分普遍遵循的原则是金融资产流动性的大小。其转换为现金和活期存款的成本越低、时间越短，则流动性越强，货币层次也就越低；反之，则货币层次越高。（　　）
2. 派生存款是指客户以现金存入银行形成的存款。（　　）
3. 现代经济生活中的货币都是由银行体系创造和提供的。（　　）
4. 货币需求就是人们持有货币的愿望，而需要不考虑人们是否有足够的能力来持有货币。（　　）
5. 商业银行存款总额等于派生存款总额加上原始存款总额。（　　）
6. 单位纸币代表的价值量等于流通中纸币总量除以货币需要量。（　　）
7. 货币数量不变，商品数量减少，也会形成通货膨胀。（　　）
8. 货币供求完全相等称为货币均衡。（　　）
9. 货币均衡是实现社会总供求平衡的前提条件。（　　）
10. 在一般情况下利率越高，货币供应量就越多；反之，则越少。（　　）
11. 通货膨胀与物价相联，因此，任何物价上涨，必然引起通货膨胀。（　　）
12. 经济衰退都是由通货紧缩造成的。（　　）
13. 西方经济学界主流的观点认为，通货紧缩不只是一般价格水平持续下降，还包括货币数量减少以及经济萧条。（　　）
14. 在我国，收入与货币需求呈反方向变动关系。（　　）
15. 通货紧缩对经济发展也具有一定的积极影响。（　　）

16. 不同层次的货币供给量,其活动和影响的经济范围是一样的,它们的变化往往反映了不同的商品市场供求关系的变化。（　　）

17. 商业银行吸收一笔原始存款能够创造多少存款货币,要受到法定存款准备率、现金漏损率、超额准备率等诸多因素的影响。（　　）

18. 基础货币,又叫高能货币,就是指创造存款货币的商业银行在中央银行的存款准备金。（　　）

19. 货币流通速度与货币总需求呈反方向变动关系。（　　）

20. 只要有合理的利率水平和发达的金融市场,货币供给与需求之间就完全可以自动实现均衡。（　　）

三、单项选择题

1. 能随时支付的货币层次是（　　）。
   A. M0　　　　　　　　　　　　　B. M1
   C. M2　　　　　　　　　　　　　D. M3

2. $M = K \cdot P \cdot Y$ 是属于（　　）的理论。
   A. 现金交易说　　　　　　　　　B. 现金余额说
   C. 可贷资金说　　　　　　　　　D. 流动性偏好说

3. 在政府对通货膨胀不加干预时,物价上涨的总趋势是（　　）。
   A. 越来越缓和　　　　　　　　　B. 时而缓和时而严重
   C. 越来越严重　　　　　　　　　D. 大体平稳上涨

4. 只能反映有形商品的物价变化情况,而不能反映劳务价格变化情况的物价指数是（　　）。
   A. 零售物价指数　　　　　　　　B. 批发物价指数
   C. 生活费用价格指数　　　　　　D. 国民生产总值平减指数

5. 凯恩斯认为,货币的资产需求是由（　　）引起的。
   A. 交易动机　　　　　　　　　　B. 预防动机
   C. 投机动机　　　　　　　　　　D. 投资动机

6. 存款货币创造的主体是（　　）。
   A. 财政部　　　　　　　　　　　B. 中央银行
   C. 商业银行　　　　　　　　　　D. 非银行金融机构

7. 在货币供应过程中有派生存款功能的是（　　）。
   A. 商业银行　　　　　　　　　　B. 财政部
   C. 中央银行　　　　　　　　　　D. 非银行金融机构

8. 弗里德曼的货币需求函数中的 Y 表示（　　）。

A. 恒久性收入 B. 实际收入
C. 当期收入 D. 预期的收入

9. 现金交易方程式是指（　　）。
   A. $M = P \cdot Q/V$ B. $L = L_1(Y) + L_2(r)$
   C. $M = K \cdot P \cdot Y$ D. $M \cdot V = P \cdot T$

10. 技术进步提高了生产力水平，放松管制和改进管理降低了生产成本，因而会出现（　　）。
    A. 需求拉下型通货紧缩 B. 成本压低型通货紧缩
    C. 政策紧缩型通货紧缩 D. 结构型通货紧缩

11. 我国货币供应量层次的划分中，流通中的现金属于（　　）。
    A. M0 B. M1
    C. M2 D. M3

12. 凯恩斯认为，为了满足交易动机和预防动机而保持的货币需求的大小，取决于（　　）。
    A. 支出水平 B. 收入水平
    C. 价格水平 D. 市场利率

13. 削弱商业银行派生存款能力的因素是（　　）。
    A. 原始存款增加 B. 存款准备金率提高
    C. 提现率下降 D. 贴现率降低

14. 货币需求是（　　）。
    A. 主观愿望的需求 B. 需求愿望与需求能力的统一
    C. 对现金的需求 D. 货币的交易需求

15. 在一定经济运行条件下的某一确定时刻的货币需求量是（　　）。
    A. 名义货币需求量 B. 微观货币需求量
    C. 货币需求流量 D. 货币需求存量

16. 把通货膨胀分为需求拉上型通货膨胀、成本推进型通货膨胀、结构型通货膨胀和供求混合推进型通货膨胀的依据是（　　）。
    A. 通货膨胀程度 B. 通货膨胀原因
    C. 通货膨胀表现 D. 通货膨胀速度

17. 一般把物价上涨率在3%~10%之间的通货膨胀称为（　　）。
    A. 温和式通货膨胀 B. 步行式通货膨胀
    C. 跑步式通货膨胀 D. 奔腾式通货膨胀

18. 最常见的通货膨胀类型是（　　）。
    A. 需求拉上型通货膨胀 B. 成本推进型通货膨胀
    C. 结构型通货膨胀 D. 供求混合型通货膨胀

19. 在市场经济条件下，货币均衡主要是通过货币供求的内在机制来实现，其中最重要的机制是（　　）。
    A. 汇率   B. 利率
    C. 税率   D. 金融市场

20. 下列公式中正确的是（　　）。
    A. 存款总额 = 原始存款 ×（1 ÷ 存款准备率）
    B. 存款总额 = 原始存款 ×（1 ÷ 存款准备金）
    C. 存款总额 = 存款准备率 ×（1 ÷ 原始存款）
    D. 存款总额 = 存款准备金 ×（1 ÷ 原始存款）

四、多项选择题

1. 我国的货币供应量层次划分为（　　）。
    A. M0   B. M1
    C. M2   D. M3

2. 影响商业银行派生存款能力的因素有（　　）。
    A. 原始存款   B. 存款准备率
    C. 现金漏损率   D. 超额准备率

3. 基础货币包括（　　）。
    A. 商业银行持有的库存现金   B. 法定存款准备金
    C. 超额存款准备金   D. 流通于银行之外的现金

4. 凯恩斯认为，货币需求通常包括（　　）。
    A. 交易性需求   B. 投资性需求
    C. 预防性需求   D. 投机性需求

5. 反映通货膨胀率的物价指数包括（　　）。
    A. 批发物价指数   B. 消费物价指数
    C. 股票价格指数   D. 国民生产总值平减指数

6. 按通货膨胀的程度分类，通货膨胀可分为（　　）。
    A. 温和式通货膨胀   B. 步行式通货膨胀
    C. 跑步式通货膨胀   D. 奔腾式通货膨胀

7. 成本推进型通货膨胀形成的原因是（　　）。
    A. 增加工资   B. 财政赤字
    C. 成本提高   D. 信用膨胀

8. 货币需求量是指在一定时期因（　　）形成的对货币的需求数量的总和。
    A. 经济发展水平   B. 经济结构

C. 经济周期 D. 货币数量

9. 货币需求是（　　　　）。
   A. 需求能力与需求愿望的统一
   B. 对现金货币和存款货币的共同需求
   C. 货币的交易需求与资产需求的综合
   D. 名义货币需求与实际货币需求的总和

10. 影响商业银行派生存款的因素有（　　　　）。
    A. 存款准备率　　　　　　　B. 现金漏损率
    C. 超额准备率　　　　　　　D. 现金贷款率

11. 下面哪些说法是正确的（　　　　）。
    A. M_1 是通常所说的狭义货币供应量
    B. M_2 与 M_1 之差是准货币
    C. M_1 对经济的影响比 M_2 的影响更直接
    D. 商业票据是广义货币

12. 货币均衡是（　　　　）。
    A. 货币供给量与货币需求量的大体相等
    B. 不仅指货币供求总量的均衡，也包括货币供求结构的均衡
    C. 货币供给与货币需求的静态适应
    D. 货币供给与货币需求的动态适应

13. 衡量货币是否均衡的标志有（　　　　）。
    A. 物价变动水平　　　　　　B. 货币与商品流通增长是否相适应
    C. 商品市场供求状况　　　　D. 个人收入水平

14. 货币均衡的实现条件有（　　　　）。
    A. 利率　　　　　　　　　　B. 个人收入水平
    C. 发达的金融市场　　　　　D. 中央银行对货币供求的调控

15. 通货膨胀是（　　　　）。
    A. 一般物价水平的持续上涨　B. 物价上涨是一个持续的过程
    C. 一般物价水平的明显上升　D. 一般物价水平的一般上升

16. 按照通货膨胀的原因种类，通货膨胀可分为（　　　　）。
    A. 需求拉上型通货膨胀　　　B. 成本推进型通货膨胀
    C. 结构型通货膨胀　　　　　D. 供求混合型通货膨胀

17. 按照通货膨胀的表现形式，通货膨胀可分为（　　　　）。
    A. 需求拉上性通货膨胀　　　B. 成本推进性通货膨胀
    C. 隐蔽性通货膨胀　　　　　D. 公开性通货膨胀

18. 影响我国货币需求的因素有（　　　　）。

    A. 收入 B. 价格
    C. 利率 D. 货币流通速度
19. 通货紧缩的原因有（　　　）。
    A. 有效需求不足 B. 生产成本降低
    C. 本币汇率高估 D. 金融体系效率降低
20. 马克思揭示的货币流通规律涉及的因素有（　　　）。
    A. 价格水平 B. 待售商品数量
    C. 货币流通速度 D. 待售商品质量

五、名词解释

1. 货币需求

2. 货币供应

3. 货币层次

4. 派生存款

5. 货币均衡

6. 通货膨胀

7. 需求拉上型通货膨胀

8. 消费物价指数

9. 国民生产总值平减指数

10. 通货紧缩

六、简答题

1. 简述凯恩斯的货币需求理论。

2. 简述商业银行存款货币的创造。

3. 简述通货膨胀对经济的影响。

4. 简述通货紧缩的经济效应。

七、论述题

1. 试论影响我国现阶段货币需求的主要因素。

2. 试论通货膨胀的成因及相应的治理对策。

八、综合分析题

我国计划经济时代曾出现过严重的隐蔽性通货膨胀,改革开放以来的经济实践中出现过较严重的通货紧缩。根据资料和调研,综合分析如何加强对货币供求的宏观调控。

第十章

国 际 金 融

一、填空题

1. 狭义的国际收支是指一国居民在一定时期内与_____经济交往所发生的外汇收支总和；广义的国际收支是指在一定时期（通常为一年）内一国居民与_____之间全部经济交易的系统记录。

2. 国际收支反映的内容是经济交易，必须以_____计量。

3. 国际收支平衡表集中反映了一个国家的_____。

4. 国际收支平衡表是按_____原理编制，采用_____记账法。

5. 经常账户包括_____、_____、_____三个二级账户。

6. 资本账户和金融账户，反映_____和_____间资本或金融资产的转移。

7. 由于现实中的国际收支平衡表的统计工作存在客观上的误差和人为因素，难于做到平衡，基于会计上的需要，人为设计了_____科目，以抵消统计上的误差。

8. 贸易差额是指_____相抵后的净额。

9. 国际收支平衡表中所有的交易都可归结为_____和_____两大类。

10. 国际收支中，_____和资本金融项目中的_____属自主性交易。

11. 国际收支差额包括各种_____和_____。

12. 一般认为，一国国际收支主要项目为顺差，表示国际收支状况_____，反之，则_____。

13. 一般认为，一国外汇储备维持相当于一国_____月的进口额的外汇储备水平是适度的。

14. 国际收支结构性失衡通常反映在_____账户或_____账户上，具有长期持久的性质。

15. 在金本位制下，国际收支失衡的自动调节是通过_____和汇率下浮达到自动矫正。

第十章 国际金融

16. 国际收支主动调节中的金融措施有：一是_____，二是_____，三是外汇管制。

17. 按照外汇是否可自由兑换分_____和_____。

18. 在信用货币制度下，现实的汇率是由两国货币在外汇市场上的_____确定的。

19. 布雷顿森林体系下的"双挂钩"是指_____挂钩，_____挂钩。

20. 外汇汇率的直接标价法是指以一定单位的_____为标准，折算为若干单位_____的表示方法。

二、判断题

1. 国际收支既是一个流量概念，也是一个存量概念。（   ）
2. 编制国际收支平衡表时，商品及服务出口、资本流入、获取的外援及侨民汇款均应记录在贷方。（   ）
3. 国际收支平衡表编制时，储备资产借贷记录的方向与其他账户相同。（   ）
4. 国际收支差额仅包括总差额，而局部差额排除在外。（   ）
5. 国际收支平衡表中的自主性交易属事前交易，调节性交易属事后交易。（   ）
6. 国际收支平衡表失衡，若是结构性原因，一般容易调整。（   ）
7. 调节性交易是指为了弥补自主性交易形成的缺口而进行的交易。（   ）
8. 外汇仅包括外国纸币和辅币。（   ）
9. 当一国国际收支出现逆差时，可以调低本币汇率恢复国际收支平衡。（   ）
10. 在一定汇率水平下当一国国际收支出现顺差时，可以通过降低物价恢复国际收支平衡。（   ）
11. 在其他因素不变的情况下，一国国民收入增加会导致该国国际收支顺差减少，甚至出现逆差。（   ）
12. 在金本位制下，国际收支具有自动调节机制。（   ）
13. 国际收支不包括无外汇偿付的各种单方面资金转移。（   ）
14. 国际收支长期顺差或长期逆差都不是一件好事。（   ）
15. 国际收支平衡表中的经常项目差额，需要由误差与遗漏项目来平衡。（   ）
16. 本币贬值将导致出口增加，进口减少，因而各国经常利用这一办法来防止国际收支逆差。（   ）
17. 美国是当今世界唯一采用汇率间接标价法的国家。（   ）
18. 在采用直接标价的前提下，若用比原来更少的本币就能兑换一定数量的外国货币，则表明本币币值上升，外币币值下降，通常称为外汇汇率下跌或本币汇率上升。（   ）
19. 存在本币对外升值的趋势下，会引发资本内流，又由于外汇纷纷转兑本币，外汇

供过于求，会促使本币汇率进一步上升。   （   ）

20. 1944 年通过的《布雷顿森林协定》，形成了以黄金为基础、以美元为中心的国际货币体系。   （   ）

三、单项选择题

1. 国际收支平衡表中最基本和最重要的项目是（   ）。
   A. 经常账户   B. 资本账户
   C. 金融账户   D. 净差错和遗漏

2. 在信用货币制度下，从根本上解决国际收支不平衡的手段是（   ）。
   A. 杠杆调整   B. 直接管制
   C. 稳定汇率   D. 国际合作

3. 影响国际收支平衡的最重要的因素是（   ）。
   A. 服务   B. 贸易收支
   C. 无偿转移   D. 资本账户

4. 在金本位制下，汇率的决定基础是（   ）。
   A. 黄金输送点   B. 铸币平价
   C. 市场汇率   D. 固定汇率

5. 外汇是用于国际间债权债务清偿的一种（   ）。
   A. 流通手段   B. 支付手段
   C. 购买手段   D. 结算手段

6. 1973 年布雷顿森林体系崩溃后，世界主要工业国开始采用（   ）。
   A. 固定汇率   B. 浮动汇率
   C. 电汇汇率   D. 单一汇率

7. 在金本位制下，汇率的波动幅度是（   ）。
   A. 开盘汇率和收盘汇率   B. 贸易汇率
   C. 铸币平价   D. 黄金输送点

8. 当一国的外汇应收多于外汇应付时，会有（   ）。
   A. 外汇供给大于外汇需求，外汇汇率上升
   B. 外汇供给大于外汇需求，外汇汇率下跌
   C. 外汇供给小于外汇需求，外汇汇率下跌
   D. 外汇供给小于外汇需求，外汇汇率上升

9. 在采用直接标价的前提下，如果需要比原来更少的本币就能兑换一定数量的外国货币，这表明（   ）。
   A. 本币币值上升，外币币值下降，称为外汇汇率上升

B. 本币币值下降，外币币值上升，称为外汇汇率上升

C. 本币币值上升，外币币值下降，称为外汇汇率下降

D. 本币币值下降，外币币值上升，称为外汇汇率下降

10. 把汇率分为基础汇率和套算汇率的依据是（　　）。

A. 制定汇率的方法　　　　　　B. 银行买卖汇率的角度

C. 汇率制度的制定　　　　　　D. 银行汇兑的方式

11. 布雷顿森林货币体系崩溃的原因是（　　）。

A. 国际局势动荡　　　　　　　B. "特里芬两难"境地

C. 美元过剩　　　　　　　　　D. 特别提款权的创设

12. 目前，我国实施的人民币汇率制度是（　　）。

A. 固定汇率制

B. 弹性汇率制

C. 钉住汇率制

D. 以市场供求为基础的有管理的浮动汇率制

13. 某出口商出口商品以外币计价，当汇率出现下列哪种变动时，它就要遭受汇率上的损失（　　）。

A. 外汇汇率下降　　　　　　　B. 外汇汇率上升

C. 本币汇率下降　　　　　　　D. 本币汇率上升

14. 我国编制国际收支平衡表的记账单位是（　　）。

A. 人民币　　　　　　　　　　B. 美元

C. 英镑　　　　　　　　　　　D. 欧元

15. 外汇银行的现钞买入价（　　）。

A. 高于外汇卖出价　　　　　　B. 高于外汇外买入价

C. 低于外汇买入价　　　　　　D. 低于外汇卖出价

16. 我国人民币汇率采用的标价法是（　　）。

A. 直接标价法　　　　　　　　B. 间接标价法

C. 美元标价法　　　　　　　　D. 欧元标价法

17. 以下各项目不属于经常项目的是（　　）。

A. 利息收支　　　　　　　　　B. 侨汇

C. 各种预付款　　　　　　　　D. 劳务费

18. 下列属于典型的金本位制货币制度的是（　　）。

A. 金块本位制　　　　　　　　B. 金汇总本位制

C. 金条本位制　　　　　　　　D. 金币本位制

19. 把外汇分为贸易外汇和非贸易外汇的依据是（　　）。

A. 外汇兑换程度　　　　　　　B. 外汇交割期限

C. 外汇去向　　　　　　　　D. 外汇来源
20. 下列属于"牙买加货币体系"内容的是（　　）。
　　A. 设立国际金融机构　　　　B. 黄金非货币化
　　C. 确立国际储备体系　　　　D. 规定固定汇率制

四、多项选择题

1. 国际收支平衡表中的经常项目包括（　　）。
　　A. 货物和服务　　　　　　　B. 收益
　　C. 无偿转移　　　　　　　　D. 职工报酬
2. 下列属自主性交易的项目有（　　）。
　　A. 经常项目　　　　　　　　B. 资本金融项目
　　C. 资本金融项目中的长期资本部分　　D. 平衡项目
3. 采用间接标价法的国家有（　　）。
　　A. 美国　　　　　　　　　　B. 法国
　　C. 英国　　　　　　　　　　D. 德国
4. 影响汇率变动的主要因素有（　　）。
　　A. 国际收支　　　　　　　　B. 通货膨胀
　　C. 利率水平　　　　　　　　D. 金币本位
5. 外汇包括（　　）。
　　A. 外国货币　　　　　　　　B. 外币支付凭证和外币有价证券
　　C. 特别提款权　　　　　　　D. 其他外汇资产
6. 外汇必须同时符合的几个条件是（　　）。
　　A. 外币性　　　　　　　　　B. 可兑换性
　　C. 可接受性　　　　　　　　D. 可控性
7. 外汇按是否可自由兑换分为（　　）。
　　A. 记账外汇　　　　　　　　B. 自由外汇
　　C. 贸易外汇　　　　　　　　D. 非贸易外汇
8. 按银行买卖外汇的不同角度区分，汇率可分为（　　）。
　　A. 基础汇率　　　　　　　　B. 买入汇率
　　C. 卖出汇率　　　　　　　　D. 套算汇率
9. 关于汇率与进出口的关系，下列说法正确的有（　　）。
　　A. 外汇汇率上涨，有利于出口　　B. 外汇汇率上涨，有利于进口
　　C. 外汇汇率下跌，有利于进口　　D. 外汇汇率下跌，不利于出口
10. 按外汇交易方式，可把汇率分为（　　）。

A. 即期汇率 B. 金融汇率
C. 贸易汇率 D. 远期汇率
11. 按汇率制度划分，汇率可分为（　　）。
A. 单一汇率 B. 多重汇率
C. 固定汇率 D. 浮动汇率
12. 国际储备资产包括（　　）。
A. 资金储备 B. 特别提款权
C. 外汇储备 D. 基金组织的储备头寸
13. 布雷顿森林货币体系中的"双挂钩"是指（　　）。
A. 美元与黄金挂钩 B. 其他国家货币与美元挂钩
C. 美元与英镑挂钩 D. 英镑与黄金挂钩
14. 国际货币制度的演变历程为（　　）。
A. 金本位货币制度 B. 布雷顿森林体系
C. 牙买加货币体系 D. 金汇兑本位制度
15. 金本位制下的国际收支失衡调节是通过（　　）达到自动矫正。
A. 黄金输出 B. 汇率上浮
C. 汇率下浮 D. 黄金输入
16. 国际收支调节的金融措施有（　　）。
A. 货币政策工具运用 B. 汇率手段
C. 外汇管制 D. 黄金输入
17. 下列属于布雷顿森林货币体系内容的有（　　）。
A. 国际金融机构 B. 国际储备体系
C. 固定汇率制 D. 国际收支调节
18. 牙买加货币体系的特点有（　　）。
A. 浮动汇率合法化 B. 黄金非货币化
C. 扩大特别提款权作用 D. 扩大基金组织积份额
19. 通货膨胀对国际收支经常账户的影响是（　　）。
A. 出口商品减少 B. 进口商品增加
C. 外汇汇率上升 D. 本币汇率下跌
20. 一国国际收支处于逆差，会使（　　）。
A. 外汇需求增加 B. 外汇汇率上升
C. 本币汇率下降 D. 外汇供应减少

五、名词解释

1. 国际收支

2. 经常账户

3. 外汇

4. 汇率

5. 直接标价法

6. 国际收支平衡表

7. 汇率制度

8. 国际货币制度

9. 特别提款权

10. 牙买加货币体系

六、简答题

1. 简述我国外汇包括的内容。

2. 简述国际收支平衡表的主要内容。

3. 简述国际货币制度的主要内容。

4. 简述布雷顿森林货币体系的内容。

七、论述题

1. 试论影响外汇汇率的主要因素。

2. 试论人民币汇率制度的改革。

八、综合分析题

请根据你所掌握的资料，综合分析国际货币体系的发展前景。

第十一章

财政政策与货币政策

一、填空题

1. 财政政策调控的机理是借助于_____与_____的内在联系，通过调整_____的总量和结构来实现社会供求总量和结构平衡的宏观调控目标。
2. _____是选择财政政策手段的基本依据，也是构成财政政策的核心内容。
3. 政府采购作为财政政策手段，具体通过_____、_____、示范采购和_____等来体现。
4. 按调控方式，财政政策可分为_____政策和_____政策。
5. _____、_____和_____是货币政策的一般性手段，通常称为中央银行的三大货币政策手段或"三大法宝"。
6. 存款准备金率是指金融机构上缴中央银行的_____占_____的比率。
7. 在失业率和物价变动之间存在着此消彼长的置换关系，把这种现象概括为一条曲线，人们称之为_____。
8. 财政政策在_____、_____和调节社会发展方面具有优势。
9. 1996年4月我国中央银行开始通过金融市场_____，标志着我国已尝试运用公开市场业务手段。
10. 扩张性财政政策是通过减少_____和扩大_____来增加社会总需求，它可以刺激投资，促进经济增长。
11. _____是指由于劳动力市场的双向选择活动而造成的失业。
12. 公开市场业务就是中央银行在金融市场上公开买卖_____，藉以改变商业银行的_____，从而实现其货币政策目标的一种措施。
13. 货币政策在_____、_____等方面具有优势。

第十一章 财政政策与货币政策

14. 一般说来，财政政策的_____较长，而执行生效时滞_____。
15. 货币政策是政府采用各种手段调节_____以实现宏观经济调控目标的方针和策略的总称。
16. 我国的《中国人民银行法》规定，货币政策目标是保持_____，并以此促进_____。
17. 扩张性货币政策是通过增加_____以扩大社会总需求的政策，其实施条件是社会有效需求不足而_____过剩。
18. 直接信用控制是指中央银行以行政命令或其他方式，直接对金融机构尤其是商业银行的信用活动进行干预，具体手段包括：_____、_____、流动性比率和直接干预等。
19. 财政政策与货币政策的一致性表现在一是_____的一致性；二是政策调控最终目标的一致性；三是_____的一致性。
20. 财政政策手段众多，主要包括_____、_____、_____、_____财政投资、政府采购等。

二、判断题

1. 充分就业就是所有的劳动者都有固定职业。（   ）
2. 无论是从长远还是短期看，财政政策各目标之间都是相互促进的。（   ）
3. 法定存款准备金率的升降，会使银行存款量和贷款量产生数倍的收缩和扩张。（   ）
4. 对中央银行而言，再贴现是出让已贴现的票据；对商业银行而言，再贴现是买进票据的活动。（   ）
5. 货币政策在调节物价总水平方面的作用比财政政策突出。（   ）
6. 一般说，财政政策的制定时滞较短，而执行生效时滞较长。（   ）
7. 坚持市场化手段为主的多种货币工具的灵活运用是我国货币政策成功的保证。（   ）
8. 扩张性货币政策是通过增加货币供应量以扩大社会总需求的政策。（   ）
9. 扩张性财政政策主要适用于社会总需求大于社会总供给、通货膨胀、经济过热的状况。（   ）
10. 一般而言，在社会需求不足、失业压力较大而物价又相对平稳，或财政赤字较大与社会总需求严重不足并存的情况下，采用紧缩性财政政策与扩张性货币政策的配合模式。（   ）
11. 实际上，不管是扩张性财政货币政策还是紧缩性财政货币政策，在调节需求的同时也在调节供给。（   ）

12. 从人民银行执行中央银行职能以来至 20 世纪 90 年代初期止的一段时期内，我国实际上是以利率和基础货币作为货币政策中介目标的。（　　）

13. 财政政策与货币政策协调配合的效应，仅取决于两大政策的配合方式。（　　）

14. 从宏观经济的调控效果来看，财政补贴支出的增减与税收的增减有着相同的作用。（　　）

15. 公债可以调节财政收支本身，但不能调节社会货币资金。（　　）

16. 政府预算作为财政政策的主要手段，其调控能力的大小与预算规模没有任何关系。（　　）

17. 一般说来，低于自然失业率的就业水平通常是以通货膨胀为代价的。（　　）

18. 一般而言，当社会总需求大于社会总供给时，可通过减少预算收入、增加预算支出来控制社会总需求。（　　）

19. 财政投资规模的调整可以影响社会总需求和未来的社会总供给，从而影响社会供求总量。（　　）

20. 市场经济较发达的国家，直接信用控制是中央银行最有力、最常用也是最重要的货币政策手段。（　　）

三、单项选择题

1. 把财政政策分为扩张性政策、紧缩性政策和中性政策的依据是（　　）。
   A. 政策功能　　　　　　　　B. 政策工具
   C. 政策手段　　　　　　　　D. 政策力度

2. 扩张性财政政策典型的方式是（　　）。
   A. 增加税收收入　　　　　　B. 减少财政支出
   C. 增加财政支出　　　　　　D. 减少公债发行

3. 下列符合"菲利普斯曲线"的是（　　）。
   A. 物价稳定与经济增长　　　B. 经济增长与国际收支平衡
   C. 物价稳定与充分就业　　　D. 充分就业与国际收支平衡

4. 被称为"猛烈而不常用的武器"的货币政策手段是（　　）。
   A. 存款准备金率　　　　　　B. 再贴现率
   C. 公开市场业务　　　　　　D. 再贷款率

5. 在社会供求总量基本平衡但结构不尽合理的情况下，（　　）财政政策着力点是在结构上有保有压，即加强薄弱环节，压缩过热环节，从而实现经济平衡发展。
   A. 紧缩性　　　　　　　　　B. 扩张性
   C. 中性　　　　　　　　　　D. 膨胀性

6. 在短期内，一般而言，（　　）关系往往是一致的。

A. 物价稳定与充分就业　　　　　B. 物价稳定与国际收支平衡
C. 物价稳定与经济增长　　　　　D. 充分就业与国际收支平衡

7. 中央银行对不动产以外的各种耐用消费品的销售融资予以控制的政策手段称为（　　）。
　　A. 证券市场信用控制　　　　　B. 不动产信用控制
　　C. 动产信用控制　　　　　　　D. 消费者信用控制

8. 中央银行通过道义劝告、窗口指导等办法来间接影响商业银行等金融机构信用活动的做法称为（　　）。
　　A. 直接信用控制　　　　　　　B. 间接信用控制
　　C. 宏观信用控制　　　　　　　D. 微观信用控制

9. 扩张性财政政策与扩张性货币政策的配合模式主要适用于（　　）。
　　A. 社会总需求小于社会总供应　B. 社会总需求大于社会总供应
　　C. 社会总需求等于社会总供应　D. 社会总需求不等于社会总供应

10. 一般而言，在社会需求不足、失业压力较大而物价又相对平稳，或财政赤字较大与社会总需求严重不足并存的情况下，采用的是（　　）。
　　A. 扩张性财政政策与扩张性货币政策的配合模式
　　B. 紧缩性财政政策与紧缩性货币政策的配合模式
　　C. 扩张性财政政策与紧缩性货币政策的配合模式
　　D. 紧缩性财政政策与扩张性货币政策的配合模式

11. 下面说法正确的是（　　）。
　　A. 货币政策的制定时滞较长，执行生效时滞较短
　　B. 财政政策的制定时滞较长，执行生效时滞较短
　　C. 财政政策的制定时滞较长，执行生效时滞较长
　　D. 货币政策的制定时滞较长，执行生效时滞较长

12. 货币供应量的改变取决于（　　）。
　　A. 货币乘数与现金货币的调整　B. 货币乘数与贷款货币的调整
　　C. 货币乘数与基础货币的调整　D. 货币乘数与存款货币的调整

13. 1935 年，（　　）《银行法》规定中央银行享有调整存款准备金比率的权力后，这个制度逐渐为各国所采纳，现在成为各国中央银行控制货币供应量的一个有力手段。
　　A. 美国　　　　　　　　　　　B. 英国
　　C. 德国　　　　　　　　　　　D. 法国

14. 不愿意接受现行工资水平而形成的失业是（　　）。
　　A. 周期性失业　　　　　　　　B. 摩擦性失业
　　C. 结构性失业　　　　　　　　D. 自愿性失业

15. 把财政政策分为自动稳定政策和相机抉择政策的标准是（　　）。

A. 按政策功能　　　　　　　　B. 按政策手段

C. 按调控方式　　　　　　　　D. 按政策范围

16. 财政政策作用的直接对象主要是（　　）。

　　A. 社会总产值　　　　　　　　B. 生产总值

　　C. 社会总供给　　　　　　　　D. 社会总需求

17. 财政政策仅需依靠财政收支本身具有的内在机制，自动调节社会需求进而达到稳定经济效果的调控方式称为（　　）。

　　A. 自动稳定器　　　　　　　　B. 宏观调控

　　C. 相机抉择　　　　　　　　　D. 微观调控

18. 在社会总需求与社会总供给基本平衡的情况下实行的是（　　）。

　　A. 扩张性财政政策　　　　　　B. 紧缩性财政政策

　　C. 中性财政政策　　　　　　　D. 积极财政政策

19. 有"准货币"之称的是（　　）。

　　A. 长期公债　　　　　　　　　B. 短期公债

　　C. 长期投资　　　　　　　　　D. 短期投资

20. 治理通货紧缩最关键的是（　　）。

　　A. 紧缩需求　　　　　　　　　B. 扩大需求

　　C. 紧缩供应　　　　　　　　　D. 扩大供应

四、多项选择题

1. 下列能发挥财政政策"自动稳定器"作用的有（　　）。

　　A. 流转税　　　　　　　　　　B. 所得税

　　C. 社保支出　　　　　　　　　D. 国防支出

2. 财政政策手段有（　　）。

　　A. 税收　　　　　　　　　　　B. 财政投资

　　C. 预算　　　　　　　　　　　D. 财政补贴

3. 稳健财政政策的措施有（　　）。

　　A. 控制赤字　　　　　　　　　B. 调整结构

　　C. 推进改革　　　　　　　　　D. 增收节支

4. 财政政策与货币政策一致性的表现有（　　）。

　　A. 政策最终目标　　　　　　　B. 政策作用形式

　　C. 政策实施主体　　　　　　　D. 政策实施客体

5. 财政政策的优势表现在（　　）。

　　A. 调节物价水平　　　　　　　B. 调节社会发展

C. 调节经济结构 D. 调节收入分配
6. 财政政策的目标有（   ）。
   A. 经济增长 B. 充分就业
   C. 物价稳定 D. 国际收支平衡
7. 按调控方式，财政政策可分为（   ）。
   A. 扩张性财政政策 B. 紧缩性财政政策
   C. 自动稳定财政政策 D. 相机抉择财政政策
8. 我国货币政策的目标是（   ）。
   A. 充分就业 B. 外贸平衡
   C. 币值稳定 D. 经济增长
9. 我国货币政策的中介目标是（   ）。
   A. 经济增长 B. 货币供应量
   C. 利率 D. 基础货币
10. 按政策功能，财政政策可分为（   ）。
    A. 扩张性财政政策 B. 紧缩性财政政策
    C. 消极性财政政策 D. 中性财政政策
11. 选择性货币政策手段包括（   ）。
    A. 证券市场信用控制 B. 消费者信用控制
    C. 不动产信用控制 D. 公开市场业务
12. 财政政策与货币政策的差异性主要表现在（   ）。
    A. 侧重点不同 B. 时滞性不同
    C. 透明度不同 D. 紧松度不同
13. 紧缩性财政政策的主要措施包括（   ）。
    A. 减少税收 B. 扩大支出
    C. 增加税收 D. 压缩支出
14. 税收手段主要是通过（   ）来实施宏观调控。
    A. 税率 B. 税种
    C. 税收优惠 D. 税收惩罚
15. 属于直接信用控制的手段有（   ）。
    A. 规定利率限额 B. 规定信用配额
    C. 道义劝告 D. 窗口指导
16. 当宏观调控目标之间出现冲突时，政府会有选择地采取对策，主要有（   ）。
    A. 相机抉择法 B. 临界点原理抉择法
    C. 顺经济风向法 D. 逆经济风向法
17. 为了正确有效地运用税收手段以实现财政政策目标，需要有（   ）。

A. 完善的税收体系   B. 良好的纳税意识
C. 严密的征管制度   D. 先进的征管手段

18. 财政政策的调控方式有（　　）。
    A. 自动稳定器   B. 相机抉择
    C. 被动稳定器   D. 临界抉择

19. 属于一般性货币政策手段的有（　　）。
    A. 存款准备金率   B. 再贴现率
    C. 公开市场业务   D. 直接信用控制

20. 下面说法错误的有（　　）。
    A. 财政政策在刺激需求方面比货币政策有较明显的效应
    B. 财政政策在刺激需求方面比货币政策没有明显的效应
    C. 财政政策的制定时滞较短，而执行生效时滞较长
    D. 财政政策的制定时滞较长，而执行生效时滞较短

五、名词解释

1. 财政政策

2. 扩张性财政政策

3. 紧缩性财政政策

4. 中性财政政策

5. 财政政策目标

6. 财政政策手段

7. 货币政策

8. 存款准备金率

9. 再贴现

10. 公开市场业务

六、简答题

1. 简述财政政策的调控方式。

2. 简述财政政策的目标。

3. 简述货币政策的一般手段。

4. 简述财政政策和货币政策各自的优劣势。

七、论述题

1. 试论财政政策手段。

2. 试论财政政策与货币政策的配合模式。

八、综合分析题

财政政策和货币政策是国家宏观经济调控的两大基本政策手段。两者既各有侧重,又紧密联系,必须根据实际情况协调而灵活运用才能充分发挥其应有作用。根据我国经济实践,综合分析今后一定时期内的财政政策与货币政策如何进一步相互配合以促进社会经济健康持续发展。